행인기행

해파랑길 이천 리
교학상장 사십 년

그리운 어머니께 이 책을 바칩니다.

"어머니, 해파랑길을 걷고 걸었습니다."
"아들아, 애썼다. 장하다."
"어머니, 머잖아 무사히 퇴임 합니다."
"아들아, 잘했다. 장하다."
"어머니, 다 당신 덕분입니다."
"뭔 소리냐? 두루 감사드려라."
"예, 그리하겠습니다."

저를 있게 해 준 모든 분께 이 책을 드립니다.

■ 목차

01 코스 오륙도해맞이공원 ↔ 미포 ___ 07
• 해파랑길 • 09

02 코스 미포 ↔ 대변항 ___ 11
• 교학상장 • 12

03 코스 대변항 ↔ 임랑해변 ___ 14
• 고향 가는 아들에게 • 15

04 코스 임랑해변 ↔ 진하해변 ___ 18
• 첫 출근 • 20

05 코스 진하해변 ↔ 덕하역 ___ 22
• 난형난제 • 24

06 코스 덕하역 ↔ 태화강전망대 ___ 26
• 아버지의 선물 • 27

07 코스 태화강전망대 ↔ 염포삼거리 ___ 29
• 중국인문과학 • 31

08 코스 염포삼거리 ↔ 일산해변 ___ 33
• 동학 • 34

09 코스 일산해변 ↔ 정자항 ___ 37
• 행운아 • 38

10 코스 정자항 ↔ 나아해변 ___ 40
• 결혼 • 41

11 코스 나아해변 ↔ 감포항 ___ 43
• 방생 유감 • 45

12 코스 감포항 ↔ 양포항 ___ 47
• 올라운드플레이어 • 49

13 코스 양포항 ↔ 구룡포항 ___ 51

- 갈운 정년퇴임 • 53

14 코스 구룡포항 ↔ 호미곶 ___ 56

- 무자식(無子息) • 57

15 코스 호미곶 ↔ 흥환보건소 ___ 60

- 가자 대륙으로 • 62

16 코스 흥환보건소 ↔ 송도해변 ___ 64

- 첫 저서 • 66

17 코스 송도해변 ↔ 칠포해변 ___ 68

- 에로스의 재발견 • 71

18 코스 칠포해변 ↔ 화진해변 ___ 74

- 춘정 정년퇴임 • 75

19 코스 화진해변 ↔ 강구항 ___ 78

- 아버지의 6·25 • 80

20 코스 강구항 ↔ 영덕해맞이공원 ___ 84

- 독회 • 85

21 코스 영덕해맞이공원 ↔ 축산항 ___ 88

- 동천과 춘정 • 90

22 코스 축산항 ↔ 고래불해변 ___ 93

- 중국문화기행 • 95

23 코스 고래불해변 ↔ 후포항 ___ 98

- 연변대전 • 99

24 코스 후포항 ↔ 기성버스터미널 ___ 102

- 치앙마이 변(辯) • 103

25 코스 기성버스터미널 ↔ 수산교 ___ 107

- 산띠아고 까미노 • 109

26 코스 수산교 ↔ 죽변항입구 ___ 111

- 정위전해 • 113

27 코스 죽변항입구 ↔ 부구삼거리 ___ 115
• 금슬 • 117
28 코스 부구삼거리 ↔ 호산버스터미널 ___ 119
• 소리 없는 시 • 121
29 코스 호산버스터미널 ↔ 용화레일바이크역 ___ 126
• 샤머니즘 • 128
30 코스 용화레일바이크역 ↔ 궁촌레일바이크역 ___ 131
• 한자, 살아있는 화석 • 133
31 코스 궁촌레일바이크역 ↔ 덕산해변입구 ___ 137
• 신발 귀신 • 139
32 코스 덕산해변입구 ↔ 추암해변 ___ 141
• 내리사랑과 치사랑 • 143
33 코스 추암해변 ↔ 묵호역입구 ___ 145
• 실력 광주, 교단 선진화 • 148
34 코스 묵호역입구 ↔ 옥계시장 ___ 151
• 아시아문화원형을 찾아서 • 153
35 코스 옥계시장 ↔ 정동진역 ___ 159
• 그냥 싫어요 • 161
36 코스 정동진역 ↔ 안인해변 ___ 163
• 군자국: 고대한반도 • 165
37 코스 안인해변 ↔ 오독떼기전수관 ___ 169
• 필리안: 최고지도자인문학과정 • 172
38 코스 오독떼기전수관 ↔ 솔바람다리 ___ 176
• 길을 찾아서 • 178
39 코스 솔바람다리 ↔ 사천진해변 ___ 181
• 한시의 근원을 찾아서 • 183
40 코스 사천진해변 ↔ 주문진해변 ___ 189
• 고시원 독회 • 191

41 코스 주문진해변 ↔ 죽도정입구 ___ 195

• 중국희곡학자 • 197

42 코스 죽도정입구 ↔ 하조대해변 ___ 201

• 노자의 재발견 • 202

43 코스 하조대해변 ↔ 수산항 ___ 207

• 망부운 • 209

44 코스 수산항 ↔ 설악해맞이공원 ___ 213

• 도연명 전집 • 216

45 코스 설악해맞이공원 ↔ 장사항 ___ 220

• 도연명 독회 • 223

46 코스 장사항 ↔ 삼포해변 ___ 227

• 어머니 • 229

47 코스 삼포해변 ↔ 가진항 ___ 232

• 아름다운 글 성스러운 길 • 233

48 코스 가진항 ↔ 거진항 ___ 237

• 책장 비우기 • 240

49 코스 거진항 ↔ 통일안보공원 ___ 242

• 장자 유감 • 245

50 코스 통일안보공원 ↔ 통일전망대 ___ 251

• 칠엽수야, 안녕 • 256

00 코스 양양 ___ 261

• 회귀하는 연어처럼 • 261

01 코스

오륙도해맞이공원 ↔ 미포

오륙도해맞이공원 ⇌ 4.8km ⇋ 동생말 ⇌ 4.0km ⇋ 광안리해변 ⇌ 6.7km ⇋ APEC 하우스 ⇌ 2.3km ⇋ 미포 총거리 17.8km

1코스 이정표

오륙도

광안리해수욕장

갈맷길과 해파랑길

이른 아침 해파랑길 출발지인 오륙도해맞이공원에 도착했다. 이른 탓인지 인적이 드물고, 상점도 문을 열지 않았다. 순간 불길한 느낌이 들었지만 애써 외면했다. 멀리 오륙도가 잘 다녀오라고 손짓하는 것만 같다.

해운대해수욕장

모래 조각

언덕길을 오르는 것으로 해파랑길이 시작되었다. 만만치 않다. 해파랑길이라는 명칭에 걸맞지 않다. 떠오르는 태양과 넘실대는 파랑을 보며 걷는다더니 좀 과장하자면 험준한 산행길이다. 투덜대면서 한참을 올라간 뒤 내리막길로 접어들어 숨을 고르는데 뒤에서 발자국 소리가 들려온다. 옆으로 비켜섰더니 누군가가 휙 지나간다. 마치 흙먼지를 일으키는 것처럼 술 냄새가 확 풍긴다.

"엊저녁 많이 드셨군!"

얼마나 지났을까? 그 누군가가 다시 다가왔다. 진한 술 냄새와 더불어.

"저 앞 해안 길은 어제 내린 비 때문에 봉쇄되어 갈 수 없으니, 다른 길로 가야합니다."

덕분에 나는 헛걸음치는 걸 면했다. 무언가 이득을 본 듯하여 싱끗 웃는 순간 뒤로 벌러덩 넘어졌다. 젖은 내리막길에 미끄러진 것이다.

"하여튼 처음은 힘든 법이지."

예방 접종을 한 기분이다. 불길한 예감은 어쩌면 그리 잘 들어맞는지. 산길이 한나절 이어졌다. 그야말로 산속이니 물 한 병 살 곳이 없다. 쫄쫄 굶으면서, 덜렁대는 나 자신을 나무랬다. 미리 마실 것과 먹을 것을 준비하라고 안내서에 쓰여 있었거늘. 마침내 산길을 벗어나 바닷가로 나왔다. 반갑기 그지없다. 광안리해수욕장이 반겨준다. 한적한 모래밭을 걸으니 비로소 '해+파랑'길답다.

해변을 벗어나 차 소리가 요란한 시내를 한참 걸었다.

"어! 여긴 어디지? 강이야 바다야?"

길을 잘못 든 것이다. 갈맷길(부산의 걷기 길)을 따라 수영강을 거슬러 올라가고 있었던 것이다. 다시 투덜투덜 왔던 길을 되돌아갔다. 늘 문제라니까, 덜렁대는 이놈의 습관이! 이어지는 해수욕장은 유명한 해운대이다. 철이 이른 탓인지 인적이 많지 않다. 대신 모래 조각 작품이 행인을 반겨준다. 첫날 첫 코스, 언제나 그렇듯이 만사는 시작이 어려운 법이지.

• 해파랑길

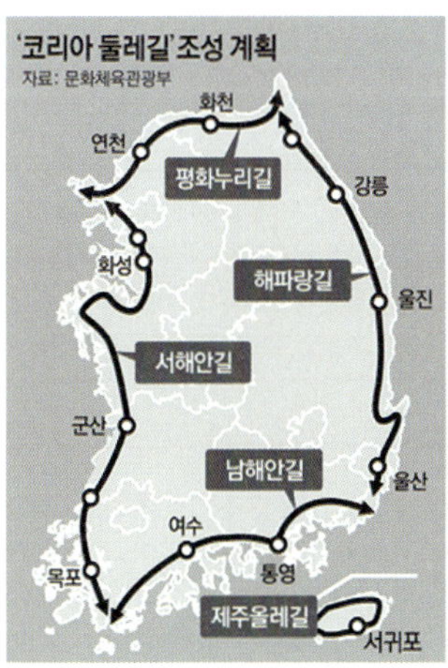

코리아 둘레길

해파랑길 병풍지도

해파랑길은 '코리아 둘레길'의 하나이다. 코리아 둘레길은 한반도 남쪽을 한바퀴 두르는 길이다. 남해안길(남파랑길: 부산 ↔ 해남), 서해안길(서해랑길: 해남 ↔ 강화), 평화누리길(디엠지 평화의 길: 강화 ↔ 고성) 그리고 동해안길(해파랑길: 고성 ↔ 부산)로 이루어지는데, 그 길이가 세계적으로 유명한 산띠아고 순례길을 훌쩍 넘는다.

해파랑길은 부산 오륙도 해맞이공원에서 출발하여 강원도 고성 통일전망대까지 이어지는 길로서 총 50개 코스로 구성되어 있다. 40년 교학 생활을 마무리하는 해, 운 좋게 6개월 연구년의 혜택을 누리게 된 나는 20여 일 짬을 내서 이 길을 걷기로 하였다. 몇 년 전 산띠아고 길을 걸으면서 다짐했었다. 다음에는 꼭 우리나라를 실컷 걸어보겠노라고. 그 때 나와의 약속을 지키고자 함이다. 산띠아고 순례길보다 더 긴 '코리아 둘레길'이 있다는 사실에 사뭇 들떴다. 그런데 어디를 걸을까?

"그래. 동해안 해파랑길을 걷자."

동해의 파랑과 해가 넘실대는 길, 더구나 '통일'전망대가 종착점이라 하니 더욱 귀가 솔깃하다. 총 길이 770km, 얼추 잡아 이천 리(里)이다. 삼천 리 강산을 걷고 싶은 간절한 소망을 담아 걸어 보자구나.

02 코스

미포 ↔ 대변항

미포 ⇄ 2.4km ⇆ 달맞이어울마당 ⇄ 4.5km ⇆ 송정해변 ⇄ 4.3km ⇆ 해동용궁사 ⇄ 5.6km ⇆ 대변항 총거리 16.8km

기찻길

해동 용궁사

제트 보트

가족 나들이

기찻길을 따라 산책로가 이어진다. 나름 운치가 있지만 바다를 선호하는 나로서는 그리 반가운 것은 아니다. 점차 도심을 벗어나자 시골의 한적함이 묻어난다. 마침내 바닷가! 잘 꾸며진 사찰이 나온다. 해동 용궁사라고 한다. 경상도 지역에 상대적으로 불교신자가 많다는 말이 생각난다. 이번 여정의 주요 목표가 아니므로 스쳐 지나간다.

다시 호젓한 바닷가. 멀리 물살을 가르는 수상제트보트가 시원하다. 군데군데 낚시꾼이 보이고, 가족 단위로 나들이 나온 사람들이 갯바위 틈에서 무언가 열심히 찾고 있다. 갯내에 흠뻑 젖어 걷는다.

• 교학상장

교학상장 선물

1981년 5월부터 2022년 2월까지, 나는 나름 열심히 가르치고 연구하려고 노력해 왔다. 이 기간을 한 마디로 줄이면 교학상장(教學相長) 40년이라 하겠다. 가르치면서 배우고, 배우면서 가르쳤다는 의미이다. 교학상장이란 말은 유가 경전의 하나인 <예기(禮記)>의 <학기(學記)> 편에 나온다.

비록 좋은 안주가 있더라도 먹어 보지 않으면 그 맛을 알지 못

> 하듯, 비록 지극한 진리가 있더라도 배우지 않으면 그 좋음을 알지 못한다. 그러므로 배우려한 뒤에 자신의 부족함을 알고, 가르치려한 뒤에야 자신의 어려움을 알게 된다. 그러기에 "가르침(敎)과 배움(學)이 서로 키운다."라고 하는 것이다.

돌이켜 보면 참으로 미안하고 또한 고맙다. 변변치 않은 지식을 갖고서 그저 열정 하나로 가르치려고 들었던 젊은 시절을 생각하면 낯이 화끈거린다. 그 어설픈 않는 강의를 들어주었던 학생들이 고맙다. 또한 미숙한 생각을 가다듬게 해주었던 동료와 선배가 감사할 따름이다. 만약 그동안 내가 이룬 바가 있다면 그것은 모두 교학상장의 덕이다.

아무튼 교학상장에만 전념할 수 있었던 지난날들이 너무나 큰 행복이고 행운이었다. 이 모든 것들은 가족과 친지 그리고 수많은 지인들이 음으로 양으로 도와주었기에 가능했었다는 사실을 당연히 잘 알고 있다. 복명(復命) 삼아 교학상장 40년을 돌이켜 보고자 하는 바이다.

03 코스

대변항 ↔ 임랑해변

대변항 ⇄ 2.3km ⇆ 남산봉수대 ⇄ 2.3km ⇆ 기장군청 ⇄ 2.9km ⇆ 일광해변 ⇄ 9.6km ⇆ 임랑해변 총거리 17.1km

일광해수욕장

해안 오솔길

나무 덱 길

커피 한 잔

걸을수록 바다와 멀리 떨어져 간다. 산길, 언덕길, 찻길이 이어질 뿐이다. 지루해져 갈 무렵, 엄청난 규모의 건물이 우뚝 솟아있다. 기장군 청사라고 한다. 군(郡)이라는 행정 단위치고는 너무 커 보인다. 여느 대도시 청사에 못지않다. 널찍한 도로에는 차량 행렬이 줄을 잇는다. 게다가 비마저 추적추적 내린다. 두 시간 가깝게 묵묵히 걸었다.

마침내 바닷가. 일광해수욕장이다. 철이 이른데다가 비마저 내리니 한산함을 넘어 썰렁하다. 해안을 따라 오솔길이 이어진다. 경관은 좋지만, 비오는 날에 걷는 것은 불편하다. 무릎까지 자란 풀들은 바지를 온통 적시고, 젖은 길바닥과 바위는 자칫 헛걸음을 딛게 만든다. 그래도 찻길보다는 낫다 싶어 고맙다. 철썩 철썩, 파도소리를 벗 삼아 걷는다. 이렇게 걷다보면 나무 덱deck을 곱게 깔아놓은 산책로도 만난다. 카펫 위를 걷는 배우처럼 기분이 좋다. 행인에 대한 배려가 느껴진다. 걷는 동안 내내 쉼 없이 내리는 비에 춥고 지쳐 갈 무렵 만난 찻집! 사막에서 만난 오아시스가 따로 없다. 커피 한 잔의 따뜻한 향기에 흐뭇한 미소가 절로 피어난다. 금상첨화로 문밖까지 전송하는 주인아주머니의 격려가 내 발길을 가볍게 해준다.

"힘내세요. 꼭 완주하세요."

• 고향 가는 아들에게

온 식구가 다시 만난 지 7년 만에 나 혼자 고향으로 돌아가게 되었다. 부모님은 원래 광주에서 우리 다섯 남매를 낳고 줄곧 키우셨다. 풍족한 편은 못되지만 가족은 늘 행복했다. 내가 고등학교에 입

그리운 부모님

학하던 무렵, 아버지가 직장을 그만 둔 이후 급격히 가정 형편이 나빠졌다. 부모님은 나 혼자를 광주에 남겨두고, 나머지 네 남매를 데리고 인천으로 이사 가셨다.

고교 졸업 후 운 좋게 서울 소재 대학에 진학하면서 나는 다시 식구들과 함께 살게 되었다. 경제 여건은 어려웠지만 가족은 다시 함께 할 수 있어 기뻤다. 대학과 대학원을 수료한 뒤, 고향의 전남대학교에서 나를 불렀다. 다시 고향으로 돌아오게 된 것이다. 이번에도 혼자 떨어지게 되었지만, 아들을 고향으로 보내면서 부모님은 내심 기쁘신 듯 했다. '고향'과의 연줄이 다시 이어진다고 느끼셨기 때문이리라.

평소 말수가 적으셨던 아버지는 짧게 한 마디 하셨다.

"술, 너무 마시지 말거라!"

평소 술을 즐겨 드시던 아버지는 나의 음주에 관대하셨다. 아니 은근히 좋아하셨는지도 모른다. 당신과 당신의 아버지를 닮았으니 말이다.

"네 할아버지는 술을 등에 짊어지고는 못가시지만, 마시고는 가실 양반이셨다."라고 자주 말씀하셨다. 그래서 '너무'에 힘을 주셨을까? 혼자 지내니 건강에 신경 써야 한다는 의미였으리라.

어머님의 말씀도 그리 길지 않으셨다.

"어쨌든 몸조심하고 '잘' 해라. 너는 '잘' 할 거다. 너는 하늘이 점지해주셨어야."

아들에게 무한한 믿음을 갖고 계셨던 어머님의 '잘'에는 여러 의미가 담겨 있었다. 우선은, 평소 차분하지 못한 나의 성격을 걱정하시기에, 덜렁대지 말고 주어진 일을 침착하게 처리하라는 것이고, 다음은, 당신의 인생 지론이신 '착하게' '선하게' 살라는 뜻이려니 마음에 간직했다.

04 코스

임랑해변 ↔ 진하해변

임랑해변 ⇌ 4.2km ⇋ 봉태산 숲길 ⇌ 8km ⇋ 나사해변 ⇌ 2.5km ⇋ 간절곶 ⇌ 4.4km ⇋ 진하해변 총거리 19.1km

숲길은 어디가고

정류장의 온기

간절곶

간절한 사연은 여기에

해안을 끼고 돌던 길이 내지 쪽으로 휜다. 안내 책자에 봉태산 숲길이라고 적혀있다.

"숲길도 좋지."

나는 문뜩 오래 전 산띠아고 까미노 순례의 길에서 걸었던 소나무 숲길을 떠올렸다. 한 나절을 걸어도 끝날 줄 몰랐던 울창한 솔숲! 친근하여 반가우면서도, 잘 가꾸어진 모습이 부러웠었다. 잔뜩 부푼 마음에 발걸음을 재촉했다.

"아직 멀었나."

숲은커녕 나무 한 그루도 눈에 띄지 않았다. 그저 쭉쭉 뻗은 도로와 쌩쌩 달리는 차뿐! 도로 너머에는 '돔' 같은 건물이 늘어서있고 전선들이 거미줄처럼 얽히고설켜 있었다. 그제야 깨달았다. 왜 길이 해안을 벗어났는지를. 거대한 원자력 발전소가 해안을 차지하고 있었던 것이다. 원자력이 없었다면 산업 발전이 가능했을까? 이렇게 안위해 보지만, 혼자 걷는 행인에게는 지루하고 삭막할 따름이었다.

설상가상으로 빗발이 커지고 바람은 모자를 훽 날려 버린다. 거센 바람마저 맞바람 치며 심술을 부린다. 춥고 배고프고 발걸음은 천근만근이다. 금방이라도 탈진하여 쓰러질 지경이다. 우선 비바람을 피하고 보자 싶어, 길가 버스 정류장 의자에 털썩 앉았다. 어! 웬걸, 따뜻하다. 의자에 열선이 깔려 있었다. 작은 온기가 이렇게 고마울 수가 없다.

힘을 내어 간절곶에 도착한다. 비바람은 여전하다. 간절곶 표지석에서 멀지 않는 곳에 붉고 큼직한 우편함이 자리하고 있다. 피식 웃음이 나온다. '간절'곶에서 '간절'한 마음을 담아 보내라는 의미인가 보다.

"제발 비바람이나 좀 멈춰 주세요."

이렇게 엽서 한 장에 적어 등기 속달로 하늘에 보내고 싶은 생

반갑다, 이정표야

각뿐이다. 인내의 발걸음! 무겁고 묵직하다. 4코스가 끝나 감을 알리는 이정표가 이렇게 반가울 수가 없다.

• 첫 출근

1981년 5월 중순, 태어나서 처음으로 '출근'이라는 것을 하게 되었다. 국립전남대학교 사범대학 외국어교육과 중국어전공 조교라는 직함으로, 여태껏 '등교'만 해왔던 내가 첫 출근을 했다. 설렘과 낯섦이 교차했다. 학장실에서 발령장을 받았다. 짧은 인사말에 이어 첫 임무가 주어졌다. 지금부터 캠퍼스 정문으로 나아가 학생 지도를 하라는 것이었다.

"무슨 지도입니까?"

"학생들 가슴에 찬 리본을 떼어내면 됩니다."

5·18 1주기를 맞아 학생들은 약속이라 한 듯이 모두 검정 리본을 차고 있었다. 마치 피붙이가 돌아가시기나 한 듯이 학생들의 표정은 처연했다. 먹먹한 가슴으로 그저 바라볼 수밖에 없었다. 떼기는커녕 함께 할 용기가 없음을 부끄러워하면서, '민주'라는 두 글자를 마음에 새기며 그저 서 있었다.

무거운 마음으로 사무실로 돌아왔다. 며칠 동안 아무 일도 손에 잡히지 않았다. 무엇을 했는지 모르게 하루하루가 지나갔다. 그러던 어느 날, 한 젊은 교수가 조언의 말을 건넸다.

"봉사 3년, 맹인 3년, 벙어리 3년! 그냥 책만 보세요."

고리타분한 이야기라고 순간 발끈했지만 곧 그의 진심을 알아차렸다. 대학의 본질을 잊지 말라는 충고라는 사실을. '학문'이란 두 글자를 마음에 새겼다.

'학문'과 '민주'는 이후 나에게 가장 중요한 화두 두 가지가 되었다. 그것은 '배움'과 '행함'에 다름 아니어서, 결국 전통시기 지식인의 지향과 통하는 것이었다. 학행일치(學行一致)! 나의 말투로 바꾸자면, 인문학적 길을 찾고 행하는 것이었고, 어머님의 말씀을 빌리자면 '잘'하는 것이었다.

태산목과 첫 사무실

최근 어느 날 평소처럼 뚜벅뚜벅 걸어 출근하는 길에 첫 출근했던 사무실(사진 속 2층 맨 오른쪽 방)이 있던 건물을 지났다. 당시는 사범대학 건물이던 것이 지금은 AI융합대학으로 이름이 바뀌었지만 모습은 그대로였다. 아니 자세히 보니 변한 것도 있었다. 그 존재마저 기억나지 않을 정도로 작았던 태산목이 4층 건물 높이만큼 우뚝 자라 거목이 되어 있었던 것이다. 하긴 40년 세월이 흘렀으니 그럴 만도 하겠지 싶다. 그런데 나는 얼마나 성장했을까? 어머니 말씀처럼 그동안 '잘'했을까?

05 코스

진하해변 ↔ 덕하역

진하해변 ⇌ 9.1km ⇋ 덕신대로(회야강변) ⇌ 6.8km ⇋ 청량운동장 ⇌ 1.7km ⇋ 덕하역 총거리 17.6km

종착점과 시작점

회야강 둔치 산책로

진하해변

악전고투한 흔적이 완연하다. 꼴이 애처롭기 그지 없다. 몸을 가누기조차 힘들게 하였던 전날의 비바람은 심각한 후유증을 남겼다. 발에 온통 물집이 잡힌 것이다. 특히 새끼발가락은 퉁퉁 부었고, 살짝 스치기만 하여도 깜짝 놀랄 정도로 통증이 심했다. 악천후 속에 걷는다는 것이 무리였나 보다. 게다가 퍼붓는 비와 고인 빗물에 대비한답시고 운동화 대신 바꿔 신은 슬리퍼 신발이 최악의 선택이었나 보다. 자고나면 좋아지려니 했던 발바닥 상태가 의외로 심각했다. 걷기는커녕 가만히 서 있기조차 힘들었다. 철이 이른데다가 악천후 탓인지 진하해변도 썰렁했다. 모래사장을 조심조심 걸어보았다. 역시 걷는 것은 무리였다. 농촌 버스를 타기로 했다.

"그래도 길 상태가 어쩔지 모르니 방수 등산화를 신고 가세요."

"뭐 해안길인데. 괜찮겠지. 평탄할 거야."

아내의 권유를 뿌리치고, 허름한 헌 운동화와 물놀이용 슬리퍼를 고집했던 것이 후회스럽다. 아내의 말을 잘 들으면 자다가도 떡을 얻어먹는다 했거늘… 이런저런 생각에 젖어있다 보니 내려야 할 정류장을 지나버렸다. 허겁지겁 내렸다. 이것도 일종의 전화위복인가? 마침 바로 앞에 약국이 있어서, 연고, 진통제, 붕대 등을 샀다. 바르고 먹고 싸맸다.

응급조치 이후 불편한 걸음으로 회야강 둔치를 찾아 나섰다. 잘 정비된 둔치, 특히 산책로가 깔끔했다. 운동화도 불편하고 슬리퍼도 편치 않은 김에 맨발로 걷기로 했다. 뜻밖에 편했다. 바다만은 못해도 한적한 하천 물길도 나름 운치가 있었다. 윤슬이 반짝였다. 둔치가 끝나고 길은 자동차가 질주하는 시내 도로로 이어졌다. 맨발로 걸을 수 있는 길이 아니었다. 다시 버스를 타기로 했다.

회야강 물길

• 난형난제

1년 남짓 조교로 근무한 뒤, 운이 좋아 젊은 나이에 전임강사로 발령 받았다. 정식 교원이 된 것이다. 4학년 지도교수를 맡게 되었다. 대부분 나와 나이가 비슷하거니와, 심지어 연상도 제법 많았다. 누가 선생이고 누가 학생인지 구분하기 어려웠다. 한마디로 난형난제였다.

더구나 신설학과답게 활기가 넘쳐서, 학부 졸업생이 배출되기도 전에 대학원이 개설되었다. 대학원 1기 입학생은 더욱더 나와는 난형난제였다. 다행히 우리는 한 가지 공통점을 갖고 있었다. '학문'을 하고 싶다는 것!

대학원 1기와 같은 문선규 교수

<고문진보(古文眞寶)>, <문심조룡(文心雕龍)> 등을 함께 읽고, 저녁이면 술잔을 기울이며 밤새 의견을 주고받았다. '주경야독(晝耕夜讀)'이 아니라 '주독야음(晝讀夜飮)'인 셈이었다. "술, 너무 마시지 말거라."라는 아버지의 말씀을 잊어버린 채 말이다. 아무튼 나는 이렇게 '난형난제'와 더불어 교학상장의 길을 본격적으로 걷기 시작했다.

06 코스

덕하역 ↔ 태화강전망대

덕하역 ⇌ 3.9km ⇋ 선암호수공원 ⇌ 6.3km ⇋ 울산대공원 ⇌ 3.6km ⇋ 고래전망대 ⇌ 1.8km ⇋ 태화강전망대 총거리 15.6km

태화강국가정원

덕하 전통시장

태화강전망대

5코스의 종점이자 6코스의 기점인 덕하역에서 하차!

역 앞에는 전통시장이 큼직하게 자리하고 있다. '덕이 있는 곳 덕하'라는 간판이 반겨준다. 간판에는 또 '27일장'이라고 적혀있다. 2일, 12일, 22일, 7일, 17일, 27일에 열리는 오일장인가 보다. 아쉽다. 가는 날이 장날이 아니니 말이다. 아쉬운 마음을 영양탕 한 그릇으로 달래본다. 맑은 국물이 특이하다.

발이 여전히 불편하다. 안내 책자를 보니 태화강전망대까지 가는 길은 대부분 시내를 통과한다.

"최대한 아픈 발을 우선 보호하고 보자."

다시 시내버스에 올라탔다.

“악천후 때문인가? 신발 탓인가? 여정이 시작되자마자 발을 다치고 말다니.”

행인이라 자칭하면서도 발과 신발을 소홀히 했던 것을 거듭 후회했다. 자신을 나무라며 제발 빨리 걸을 수 있게 되기를 빌면서 눈을 감았다. 깜빡 졸았나 보다. 또 내려야 할 정류장을 지나치고 말았다.

“할 수 있나? 덕분에 좀 더 걷지.”

눈앞에 태화강국가정원이라는 커다란 입간판이 나타난다. 대나무 숲이 바다를 이루고 있다.

• 아버지의 선물

난형난제는 대학원생에 국한된 것이 아니었다. 학부생의 경우도 별반 다르지 않았다.

“형이라 부르면 안돼요? 나이 차이도 별로 없는데.”

“알아서 해라.”

하루는 남학생 몇 명이 찾아왔다. 자기들이 나의 환영식을 해주겠다는 것이었다. 마다할 이유가 없다. 그런데 뭔가 수상하다. 자기들끼리는 절대로 술잔을 권하지 않으며 무조건 내게만 내민다.

“요놈들 봐라.”

나는 속으로 씩 웃었다.

“내 주량은 아버님이 허여하신 것이거늘, 감히.”

주는 대로 받고, 받자마자 마셨다. 대신 마시자마자 가득 부어 되돌려 주었다. 얼마나 마셨을까? 학생들이 서로 눈빛을 주고받는다.

"술도 좀 깰 겸 탁구나 치러 가게요, 시합해서 진 사람이 2차 사게요."

또 학생들이 번지수를 잘못 짚었다. 대학교 대표 선수로 공식 시합까지 출전했던 나에게 감히 도전을 하다니. 결과는 불문가지, 나의 완승, 학생들의 완패!

"아버님, 감사합니다. 저에게 당신의 좋은 소질을 물려주셔서."

애주가인 아버지는 운동도 잘 하셨다. 아무튼 이렇게 나는 학생들과 가까워져 갔다. 술을 '너무' 마시지 말라는 아버지의 말씀을 슬쩍슬쩍 어겨가면서.

"아들아, 나도 술 마실 줄 알고, 운동도 잘해."

"아! 어머니 죄송합니다. 두 분의 선물이셨군요."

07 코스

태화강전망대 ↔ 염포삼거리

태화강전망대 ⇄ 4.5km ⇆ 십리대숲 ⇄ 5.9km ⇆ 내황교 ⇄ 6.4km ⇆ 염포삼거리
총거리 17.1km

십리대숲

태화강 산책로

태화루

아산로

자동차 하치장

강을 끼고 대나무 숲이 길게 늘어서 있는데, 그 길이가 무려 십리(十里)라고 한다. 이른바 십리대숲! 순간 정말 십리일까? 하는 부질없는 생각이 들었지만, 장관임에는 틀림이 없다. 한 때는 오염된 강의 대명사였다지만 지금은 생태공원으로 거듭 태어났다고 하니, 더욱 흐뭇하고 정겹다. 그저 스쳐지나가는 과객의 느낌이 이러하니, 현지 시민들의 마음은 어떨까? 틀림없이 자랑거리로 여기리라. 나는 태화강 산책로를 걷고 있는 시민들을 보며 이렇게 짐작했다.

강가로 고층빌딩이 늘어서 있다. 그런데 빌딩 사이로 이색적인 건물이 쑥 나타난다. 태화루! 비록 최근에 복원된 것이지만, 그 자태와 운치는 고색이 완연하다.

"만약 주위 빌딩들이 없다면 어떨까?"

라는 생각을 했다가, 머리를 흔들었다

"아니, 과거와 현재가 공존하고 있어서 더 멋지겠지."

라고 생각을 고쳐먹었다. 과거와 현재의 공존이야말로 희망찬 미래를 보장하는 기제(機制)일 터이니 말이다.

여전히 태화강을 따라 길이 이어지고 있다. 그런데 어느새 뭔가가 달라져 있었다. 쭉쭉 뻗은 길, 그리고 끝없이 이어지는 담장. 이게 뭐지? 궁금하던 차에 커다란 간판이 보인다.

> 아산로. 도전과 개척정신으로 국가와 울산 발전에 헌신한 정주영(호 아산) 회장의 뜻을 기립니다.

엄청나다. 현대자동차의 위세가 이렇게 큰 줄은 몰랐다. 그러나 행인에게는 너무나 큰 고역이었다. 걷고 걸어도 끝날 줄 모르는 길!

담장 안에서는 자동차를 만들고, 담장 앞 도로에는 수많은 자동차들이 꼬리를 잇고 있다. 한 시간도 넘게 걸었다. 좁은 인도에는 오가는 사람조차 거의 없다. 그저 멍멍한 소음과 매콤한 매연뿐!

"지나온 대숲이 십리였다면 이번 아산로는 백리(百里)이겠다!" 라는 푸념이 절로 나왔다. 드넓은 자동차 하치장이 반갑다. 마침내 아산로가 끝난 것이다.

'십리대숲'과 '백리찻길'을 아직 편치 않은 발로 걷고 걸었더니 온몸이 시어빠진 파김치가 된 듯하다. 드디어 다 왔다. 7코스의 종점인 염포삼거리! 그런데 수상하다. 주위에 여관이 있을 법한 건물이 눈에 띄지 않는다. 불길한 예감이 또 적중했다. 숙소가 전무하다. 해파랑길이 원래 이런 곳이었나? 지친 몸을 시내버스에 태우며 투덜댔다. 여관을 찾아 헤매노라니 지친 몸이 더 지친다. 설상가상!

• 중국인문과학

중국인문과학 창간호와 최근호

전남대학교 인문대학 중문과에 교원으로 발령 받은 이래 40년, 나는 첫 논문과 마지막 논문을 공교롭게 모두 <중국인문과학>이라는 학술지에 실었다. 뿐만 아니라, 그동안 썼던 논문 가운데 거의 절반에 달하는 30여 편을 여기에 발표했다. <중국인문과학>은 나의 학술 활동의 요람이었던 셈이다.

전남대학교에 중어중문학과를 창설한 갈운 문선규 교수님은 매우 활동적인 분이셨다. 서둘러 대학원을 개설함과 동시에 중국인문과학회(훗날 중국인문학회로 개칭)의 창설을 주도했다. 아울러 학회지 중국인문과학의 발간을 추진했다.

학회지 발간을 위해 학과 교수님들은 매달 소정의 금액을 모았다(조교였던 나는 반액). 일 년 남짓 모은 금액을 바탕으로 하여 마침내 창간호가 1982년 발간되었다. 당시 중문학 관련 학회지를 내는 것은 결코 녹녹치 않은 일이었다. 한자, 특히 벽자(僻字)가 많아서 흔쾌히 나서는 출판사가 없었다. 당연히 출판비도 비쌀 수밖에 없었다.

어렵사리 창간호를 출간하였지만 그 뒤가 더 문제였다. 몇몇 교수들의 성금으로는 도저히 감당할 수가 없었는데, 이 때 학문 발전을 위하여 흔쾌히 거액을 쾌척해 주신 분들이 계셨다. 천군만마의 도움이었다. 내가 기억하고 있는 분들을 명기하여 늦게나마 감사의 말씀을 드리고 싶다. 앞 두 분은 안타깝게도 이미 돌아가셨다. 아쉽고 죄송하다.

김두원 김두원신경외과병원 원장

이강재 금호문화재단 이사장

정윤삼 대지건설 회장

김복해 백두한의원 원장

엽공권 중화민국주한대사관 문화참사

08 코스

염포삼거리 ↔ 일산해변

염포삼거리 ⇄ 4.0km ⇆ 울산대교전망대 ⇄ 3.5km ⇆ 방어진항 ⇄ 2.9km ⇆ 대왕암공원 ⇄ 2.1km ⇆ 일산해변 총거리 12.5km

악몽의 염포사거리

강태공

윤슬 고운 바다

어제 숙소를 찾아 헤맸더니 발의 상태가 악화되고 말았다. 특히 새끼발가락이 만지지도 못할 만큼 아프다. 게다가 안내 책자를 보니, 이번 코스는 산길과 자동차길 뿐이다. 겸사겸사 버스를 타기로 했다. 발이 회복될 수 있게 최대한 휴식을 주고 싶었다.

버스를 내리니 일산해수욕장이다. 철 이른 모래밭을 한 낚시꾼이 독차지 하고 있다.

"많이 잡으셨습니까? 무슨 고기가 잡힙니까?"

"아니요, 별로 못 잡았습니다. 게다가 잡어 새끼뿐이지요. 그저 소일하는 것이죠."

그래 나도 물가에서 산책이나 좀 하자구나. 역시 물이 좋구나. 고즈넉한 해수욕장! 한적, 평온, 청정, 상쾌 … 기분 좋은 각종 어휘가 물비늘이 되어 반짝인다.

아무리 풍광이 좋아도 내 몸이 편해야 하는 법! 다시 발이 아파온다. 과연 해파랑길 2000리를 완주할 수 있을까? 슬슬 걱정이 밀려온다. 그 때 핸드폰이 울려댄다. 부산 소재 대학에 재직하고 있는 동기동창이 격려의 메시지를 보내온 것이다. 석사학위 수여식 사진을 첨부해서. 나는 그 의미를 잘 알기에 불끈 힘이 다시 솟았다.

• 동학

나의 학위논문은 좀 유별났다. 일반인은 물론이고 중문학과 학생조차도 낯설게 여기는 산곡(散曲)이라는 장르를 연구 대상으로 삼았다. 산곡은 고전시가의 작은 한 갈래이다. 당시(唐詩) 송사(宋詞) 원곡(元曲)이라는 말이 있다. 이 때 원곡의 핵심이 바로 산곡이다. 아무튼 나는 이렇게 생각했다.

"중국고전문학의 주축인 시를 전공하되, 아래로부터 그 흐름을 거슬러 올라가자."

연구 대상만 유별난 게 아니었다. 특정 작가의 작품에 한정하지

학위 수여식

않고 원대라는 시대의 전 작품을 대상으로 했다. 그러다 보니 편폭이 방대해졌다. 박사논문을 쓰냐고 동학들이 놀려댔다. 컴퓨터가 일반화되기 전이어서 모든 게 수동이었다. 원고는 당연히 필사였고, 인쇄 역시 활자를 하나하나 찾아서 찍는 방식이었다. 인쇄하는 데 시간이 많이 소요된다는 의미이다. 동학들보다 한 달은 앞서 인쇄소에 원고를 넘겼다. 그런데 논문 제출 마감일의 일주일 전에 인쇄소로부터 연락이 왔다.

"죄송하지만, 분량이 너무 많은데다가, 한자 그것도 벽자(僻字)가 지나치게 많아서 도저히 출판할 수 없습니다."

청천벽력이었다. 학위논문을 출간할 수 없게 된 것이다. 낙담할 수밖에 없는 상황에 동학들이 모두 들고 나섰다. 모든 궁여지책을 모색했다. 결론은 백지에 손으로 써서 복사를 하자는 것!

"그런데 그 많은 양을 누가 쓰지?"

"걱정 마시게. 우리가 있잖은가."

이렇게 구사일생 빛을 보게 된 것이 바로 나의 석사논문이다. 네다섯 명이 날을 새며 써 주었거늘, 정확히 누구였는지 기억이 나지 않는다. 동기동창뿐만 아니라 선배님도 계셨던 것 같은데… 죄송할 따름이다.

학위수여식 사진을 보내준 동창의 속뜻을 알 것 같다.

"힘내! 언제나 자네 뒤에는 우리가 있으니."

거듭 완주의 의지를 다져본다. 동학은 언제나 든든한 버팀목이다. 이제 풋풋한 그 모습은 찾을 길 없지만, 그 때 마음은 변함이 없다.

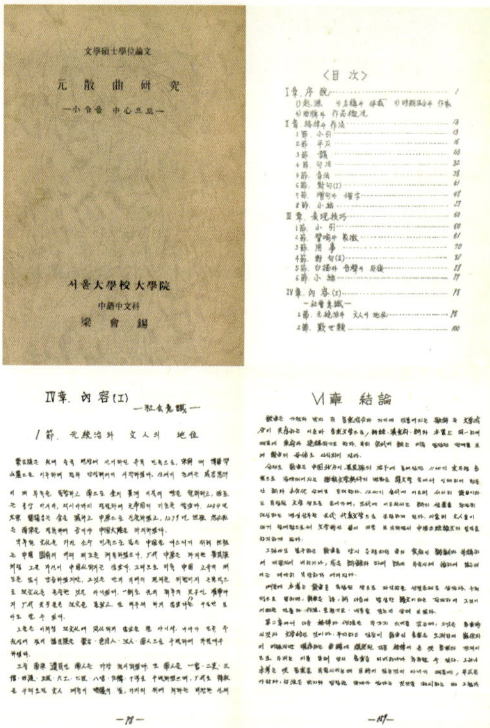
文學碩士學位論文

元散曲研究

—小令을 中心으로—

서울大學校 大學院

中語中文科

梁會錫

〈目 次〉

I章. 序說 ····· 1

II章. 格律과 作法 ····· 13

III章. 表現技巧 ····· 60

IV章. 內容(I) ····· 78

IV章. 內容(I)

1節. 元曉期와 文人의 地位

VI章 結論

◀ 손으로 쓴 학위논문

세월이 가도 변치 않는 것

09 코스

일산해변 ↔ 정자항

일산해변 ⇌ 3.0km ⇆ 현대중공업 ⇌ 4.9km ⇆ 주전봉수대 ⇌ 3.4km ⇆ 주전해변 ⇌ 3.2km ⇆ 강동축구장 ⇌ 4.8km ⇆ 정자항 총거리 19.3km

바닷가 작은 집

정자항 해변

해변산책을 마치고 안내 책자를 펴들었다.

"다음은 어디지? 현대중공업?"

힘들었던 아산로가 떠올라 고개가 절로 저어진다. 버스를 타자. 발도 쉬게 할 겸. 현명한 선택이었다. 무료한 공장지대를 한참동안 버스가 달렸다. 눈이 사르르 감기려고 할 무렵, 어머님 모습이 떠오른다. 그리고 아내의 모습이 떠오른다. 어머니와 아내의 얼굴이 차창 밖에서 어른댄다.

이어지는 길은 산길이다. 차창 너머 우거진 산속의 경관이 자꾸 나를 유혹한다. 내려 걸어볼까 문뜩 생각했다. 주저했다. 발이 완전히 나은 뒤에 마음껏 걷는 게 상책일까? 아파도 참고 조금씩 걷는 게 좋을까? 망설이던 참이었다. 차창 너머 배낭을 메고 걷는 행인이 보인다. 왈칵 반갑다. 그런데 버스가 다가가자 행인이 매우 곤욕스러워한다. 인도가 따로 없고 길이 좁아 위험하기 때문이다.

"에이 참자."

버스를 타고 곧장 정자항까지 갔다. 여기저기 텐트가 보인다. 바다가 여전히 나를 반겨 준다.

• 행운아

한 치 풀도 벼랑 위에 자라면 낙락장송 보다 높고, 열 길 낙락장송도 계곡 밑에 자라면 한 치 풀보다 낮다는 말이 있다. 자리하는 환경의 중요성을 일깨워주는 말이다. 이 점에서 볼 때 나는 벼랑 위에 자란, 운 좋은 풀 한 포기이다. 한마디로 복이 많다는 의미이다.

사람의 경우, 가장 중요한 환경이 가정이고 그 다음은 직장일 것이다. 경우에 따라서는 직장이 오히려 더 중요할 수도 있다. 나의 경우, 어쩌면 직장 동료와 함께 한 시간이 가족보다 더 많을 정도이니 말이다. 나의 첫 직장이자 마지막 직장인 전남대학교 중어중문학과가 나에게는 가족 못지않은 비중을 차지한다. 그런데 훌륭한 선임교수들과 함께 할 수 있었다는 점에서 나는 행운아이다. 작은 행운이 아니라 아주 커다란 행운이다. 더 좋은 것은 신설 학과여서 언제나 활력이 넘쳤다는 점이다.

다섯 분의 선임교수, 어느 한 분에게도 나는 서운한 마음을 갖은 적이 없다. 늘 배려하고 이끌어 주셨기 때문이다. 50대 중반의 갈운(葛雲) 문선규, 40대 중반의 동천(東泉) 범선균, 춘정(春亭) 김재승, 원봉(元峰) 감상주, 30대 중반의 서의영 교수 그리고 20대 중반의 나로 구성된 우리 학과는 늘 화기애애했다. 갈운 선생님은 명절이면 어김없이 한 상을 차려 학과 식구를 불렀고, 이에 뒤질세라 원봉 선생님도 자주 손수 맛있는 음식을 만들어 초대했다. 이제 그 두 분은 이 세상 분이 아니시다. 그리워하며 감사할 따름이다.

동천과 춘정은 그 호가 상징하듯이 뚜렷한 개성의 차이를 보였지만, 함께 학과의 중추적 역할을 담당하였고, 나와 연령차가 컸지만 이 또한 큰 문제가 되지 않았다. 서의영 교수가 계셨기 때문이다. 40대와 20대의 소통 창구로서의 역할을 자임하셨는데, 특히 잦은 술자리에서 언제나 분위기를 고양시키는 등, 특유의 쾌활한 성품과 친화력으로 학과 분위기를 밝게 해주었다. 아쉽게도 도중에 모교로 옮겨 가셔서 끝까지 함께 하지 못하게 되었다. 더군다나 옮기신 지 그리 오래되지 않아 병마로 돌아가시고 말았다. 이제 학과 막내였던 내가 정년을 맞는다. 서의영 교수가 살아계셨다면 겨우 70대 중반이다. 특유의 웃음을 띠고 얼큰해진 얼굴로 축하주를 권해주셨을 텐데.

서의영 교수

"양 교수, 축하해!"

10 코스

정자항 ↔ 나아해변

정자항 ⇌ 2.8km ⇋ 강동화암주상절리 ⇌ 3.9km ⇋ 관성해변 ⇌ 6.3km ⇋ 읍천항벽화마을 ⇌ 1.1km ⇋ 나아해변 총거리 14.1km

경주 지경리

벽화 방파제

주상절리

주상절리

다행이다. 발의 통증이 덜 하다. 본격적으로 걷기로 하자. 여전히 울산 해변이다. 마침내 울산과 경주 경계를 지난다. 뭔가 달라질 거라는 기대가 든다. 기대가 어긋나지 않는다. 똑같은 바다와 방파제가 이어지고 있지만 느낌이 크게 다르다. 벽화로 장식된 방파제에 경주 지경리라는 글씨가 선명하다. 관광 선진 도시답다는 생각과 더불어 기대가 한층 더 커진다.

벽화만이 아니다. 바닷가에 놀라운 경치가 누워있다. 주상절리(柱狀節理)! 용암이 급격하게 식을 때 육각기둥 모양으로 굳은 것이라고 한다. 푸른 바다에 붉은 용암이 흘러들고, 엄청난 수증기를 내뿜으며 거대한 바위로 변신했을, 웅장한 태고의 광경을 상상하면서 한동안 넋이 나간 채 쳐다본다. 주상절리는 한두 곳이 아니다. 그 중 압권은 부채꼴 형태의 주상절리이다.

'천' 년 고도 경주! 세계적으로도 그 유례가 드문 장구한 시간일 터이지만, 저 주상절리에 비한다면, 천 년은 얼마쯤일까? 장자(莊子)의 표현을 빌리자면, 달려가는 백마를 대문 틈 사이로 보는 정도일 테지. 부질없는 이런저런 생각에 젖어 걷는데, 이번 바닷가 방파제에는 신라 4대 왕으로 알려진 탈해이사금 벽화가 행인을 반긴다. 천연이든 인위든 아름다운 풍광 속을 걷다 보니 어느새 나아해변이다. 여기저기 펼쳐진 텐트와 푸른 바다가 잘 어울린다.

텐트와 원전

"어! 그런데 저 멀리 보이는 것은 무엇이지?"

아, 또 원자력발전소가 해안을 점령하고 있다. 통행금지! 우회해야 할 처지이다.

• 결혼

오랜만에 어머니께 전화를 드렸다. 역정을 벌컥 내신다.

"이제 전화 하지 마라."

"왜요? 제가 잘못한 게…"

"없다. 끊어라."

사정사정해서야 어머니는 마음에 담고 계시던 속내를 털어놓으셨다.

"언제 결혼할래? 언제 아들 집에서 자보냐? 며느리가 해주는 밥도 먹어보고."

이렇게 말씀은 하셨지만, 고향에서 객지처럼 하숙하고 있는 아들이 늘 걱정이셨던 모양이다. 아무튼 통화 뒤 고향으로 내려오던 날 어머니께서 하셨던 말을 생각했다.

"어쨌든 잘해라."

어머니의 '잘'은 참으로 여러 의미를 담고 계셨었나 보다.

"그런데 누구와 결혼을 하지?"

결혼 할 생각을 거의 하지 않았던 터라 막막했다. 갑갑한 마음에 술이나 한 잔 할까 하고 시내를 나갔다. 미국으로 교환교수로 갔다가 최근 돌아온 선배 교수 한 분과 마주쳤다.

"어이 반갑네. 오랜만이네. 참 자네 결혼했는가?"

안윤주

"아니요."

"좋은 사람 있는데 한번 만나보지."

이렇게 해서 아내를 소개 받았다. 나는 어머님이 점지해 주셨다고 믿었기에, 아내가 첫눈에 마음에 들었다. 반년이 채 못 되어 결혼했다.

"어머니, 저 참 '잘'했죠?"

"오냐, '잘'했다."

내 생애에 가장 잘 한 일의 하나이다.

11 코스

나아해변 ↔ 감포항

나아해변 ⇌ 6.3km ⇋ 문무대왕릉 ⇌ 2.4km ⇋ 감은사지 ⇌ 1.2km ⇋ 이견대 ⇌ 6.9km ⇋ 전촌항 ⇌ 1.2km ⇋ 감포항 총거리 18.8km

대왕암

방생고기

횟집 민박

동해일출

원자력발전소는 어쩐지 싫다. 너무 위압적이어서인지도 모른다. 특히 이번 여정에서 내가 원자력발전소를 혐오하는 이유는 충분하다. 그것의 출현은 곧 해안의 봉쇄를 의미하기 때문이다. 이번에는 선택의 여지마저 없다. 산길로 우회하는데, 긴 굴을 지나야하기에 도보가 아예 불가능한 것이다.

"그래 발의 상태도 아직 좋지 않으니, 차라리 잘 됐다."

버스를 탔다. 도착한 곳은 문무 대왕릉!

"내가 죽거든 열흘 후 화장을 하고 예는 지키되 검소하게 하라. 나는 죽어서 바다의 용이 되어 신라를 지킬 것이니라."

삼국통일을 달성한 문무왕이 남긴 유언이라고 전한다. 호국대룡(護國大龍)이 되어 나라를 지키겠다는 위대한 그의 소망을 본받아야 한다는, 어린 시절 받은 교육을 떠올리며 큰 기대에 마음 부풀었다. 예상 밖이다. 휑하기 그지없다.

게다가 뭔지 우중충하고 음산한 기운마저 감돈다. 해안가 식당의 수족관도 여느 곳과 사뭇 다르다. 물도 탁하고 물고기도 생기가 없다. 비위가 상할 정도이다. 횟집이 아니었다.

"방생고기를 팝니다!"

방생용 물고기였다. 술상의 안주로 올라갈 물고기가 아니라 바다로 돌아갈 물고기이니 여느 물고기보다 생기가 넘쳐야 할 터인데, 다 비실비실 댄다. 차라리 잡지 말고 내버려두지. 잡았다가 풀어주는 것은 또 무어야? 물고기를 위하는 것이야? 인간의 발복(發福)을 위하는 것이야? 인간의 가식이 살짝 역겹다.

우울한 마음으로 발길을 돌렸다. 화불단행! 이번에는 딱히 묵을 만한 숙박시설이 눈에 띄지 않는다. 날도 저물어가거늘… 불현 듯

악몽의 '염포 삼거리'가 떠오르며 불길한 생각이 밀려온다. 숙소를 찾아 서성이는데, 한 횟집의 광고가 눈에 들어온다.

"회 손님, 숙박 가능!"

감지덕지! 달리 선택할 여지가 없다. 덕분에 배불리 먹고 얼큰하게 취해 세상모르고 푹 잤다. 물론 일출 시간에 알람을 맞추는 걸 잊지 않았다.

동해일출

동해의 일출!

해파랑길이 바로 동해의 떠오르는 태양과 푸른 파랑을 보고 걷는 길임을 새삼 만끽했다.

• 방생 유감

<맹자(孟子)> <만장(萬章)> 상편에 방생과 관련되는 일화가 있다. 정(鄭) 나라 재상 자산(子産)에게 어느 날 누군가가 살아있는 물고기를 선물했다. 크고 먹음직했지만, 두 눈을 뜨고 쳐다보는 모습을 보고 자산은 '불인지심(不忍之心)', 즉 차마 하지 못하는 마음이 동했다. 그래서 하인을 불렀다.

"갖고 가서 연못에 풀어주어라."

하인도 '불인지심'이 동했다. 너무나 먹음직했던 것이다. 푹 삶아서 먹어버렸다. 자산이 묻자 천연덕스럽게 대답했다.

"풀어주었느냐?"

"예, 처음에는 비실비실 대더니, 곧 신이 나서 헤엄쳐 갔습니다."

"그래 잘 했다. 그 말을 들으니 기쁘구나."

나는 방생하는 현장을 목격하면 자연스럽게 이 일화가 떠오른다. 속아 넘어간 자산을 맹자는 두둔한다. 어리석은 게 아니라 진실한 마음의 발로이라고. 그의 '불인지심'을 높이 산 것이리라.

누군가는 일부러 잡고, 누군가는 일부러 풀어주는 요즘의 방생을 맹자에게 어떠냐고 묻는다면 뭐라고 답할까? 아니, 부처에게 물으면 뭐라고 할까? 이제는 타성에 젖어 관례로 치부하는 것 중에 버려야 할 가식은 없는지 돌아볼 일이다.

12 코스

감포항 ↔ 양포항

감포항 ⇌ 1.4km ⇋ 송대말등대 ⇌ 2.0km ⇋ 오류고아라해변 ⇌ 2.5km ⇋ 연동마을 ⇌ 7.6km ⇋ 양포항 총거리 13.5km

마을 대숲 길

신작로

손칼국수

계원리 포구

해파랑길 쉼터

푸른 바다를 향하여 큼직한 조형물이 서 있다. 얼핏 보아서는 무언지 잘 알 수가 없다. 다가서서 설명문을 읽으니 만파식적(萬波息笛)이라고 한다. <삼국유사>에 의하면 신라 제31대 신문왕(神文王)은 아버지 문무왕(文武王)을 위하여 동해변에 감은사(感恩寺)를 지어 추모하였는데, 죽어서 해룡(海龍)이 된 문무왕과 천신(天神)이

된 김유신(金庾信)이 합심하여 용을 시켜 동해(東海) 중의 한 섬에 대나무를 보냈다. 이 대나무는 낮이면 갈라져 둘이 되고, 밤이면 합하여 하나가 되는지라 왕은 이 기이한 소식을 듣고 현장에 거동(擧動)하였다. 이 때 나타난 용에게 왕이 대나무의 이치를 물으니, 용은 다음과 같이 말했다.

> 비유하건대 한 손으로는 어느 소리도 낼 수 없지만 두 손이 마주치면 능히 소리가 나는지라, 이 대나무도 역시 합한 후에야 소리가 나는 것이요. … 또한 대왕은 이 성음(聲音)의 이치로 천하의 보배가 될 것이다. …

만파식적

이렇게 예언하고 사라졌다. 왕이 곧 이 대나무를 베어서 피리를 만들어 부니, 나라의 모든 걱정과 근심이 해결되었다 한다.

남북한이 하나가 될 수 있다면 얼마나 좋을까? 하다못해 교류라도 하면서 서로의 간격을 좁힐 수 있으면 좋으련만. 한 마을을 거쳐 바닷가로 향하는 길이 때마침 '대나무' 숲길이다. 포항의 계원리라는 마을이다. 여느 마을과 마찬가지로 동네 어귀에 정자가 서 있다. 모양도 크기도 여느 것과 다를 바 없다. 그런데 분명 뭔가 다르다. 사람을 맞는 듯한 느낌이 든다. 다가가 보니 정말 다른 점이 있다. '해파랑길 쉼터'라는 현판이 걸려 있다. 수많은 마을의 정자를 지나왔지만 처음 보는 환영이었다. 심지어 어떤 마을은 아예 '외부인 출입금지'라고 써 붙인 것도 있었다. 마을 주민 한 분을 만나 물으니, 원래 해파랑길 조성의 일환으로 정부에서 만들어 준 것이니 당연하다는 대답이다. 그래서인가? 마을 앞 포구가 훨씬 정겹게 느껴진다.

하지만 포근한 느낌은 오래가지 않았다. 해파랑길은 어디가고 차와 자전거와 행인이 섞여 가야하는 길이 이어졌다. 해파랑길은 아직 미완성이다. 불편할 뿐 아니라 심지어 위험마저 느껴진다. 투덜대며 걷다보니 이번 코스의 종점인 양포항에 접어들었다. 시골 냄새가 물씬 나는 음식점에 들어섰다. 손칼국수집이다. 맛집인지 손님이 제법 많다. 어쩐지 익숙하면서도 코끝이 싸하게 어려 온다. 수제비를 손으로 뚝뚝 떼시던 어머니가 그립다.

• 올라운드플레이어

교수로 발령을 받았다. 보통은 자신의 전공에 맞춰 가르칠 과목을 배정 받는 게 일반적이지만, 나의 경우는 사정이 달랐다. 나의 석사논문은 <원 산곡 연구>이고, 박사논문은 <명대 산곡 연구>이다. 산곡(散曲)은 중국고전시의 한 갈래이다. 흔히 중국고전시를 시대적으로 개괄하면서 당시(唐詩), 송사(宋詞), 원곡(元曲)이라 하는데, 산곡은 바로 원곡에 속한다. 어쨌든 굳이 나의 전공을 특정하자면 당연히 중국고전시가이지만 관련 교과목을 배정 받을 수가 없었다. 동천 선생님은 선진(先秦) 시가를, 춘정 선생은 당대 시를 주요 학문적 대상으로 삼으셨고, 언어학의 대가이신 갈운 선생도 시문(詩文)에 밝으셨기 때문이다.

중국고전문학에서 이른바 정통문학, 또는 아(雅)문학으로 꼽히는 시문은 나의 차지가 아니었다. 대신 속(俗)문학으로 분류되는 소설, 희곡, 사곡 등이 자의반 타의반으로 나의 차지가 되었다. 뿐만 아니라, 시대적으로는 고전을 넘어 현대까지, 학문적 갈래로는 문학을 넘어 어학까지, 필요한 경우 가리지 않고 죄다 맡았다. 책임 시수라는 개념도 따로 없었다. 주어지는 대로 맡았다. 알기 때문에 가르치는 것이 당연히 아니었다. 심지어 한 번도 배워본 적이 없는 것도 있었으므로, 가르치면서 배우고, 배우면서 가르쳤다. 힘들다면 힘들었지만, 신나는 일이기도 하였다. 새로운 것을 배울 기회로 삼았기 때문이다. 교학상장의 즐거움에 일찍 눈을 뜬 셈이다. 덕분에 나의 학문적 관심은 누구 못지않게 넓어졌다. 망외의 소득이자 나의 소중한 자산이다.

13 코스

양포항 ↔ 구룡포항

양포항 ⇄ 2.6km ⇆ 금곡교 ⇄ 8.0km ⇆ 구평포구 ⇄ 1.5km ⇆ 장길리낚시공원 ⇄ 6.9km ⇆ 구룡포항 총거리 19km

태풍의 상흔

호미반도 둘레길

오징어 건조대

일본인 가옥거리

예상과 기대와 달리 발의 회복이 더디다. 오늘도 버스 신세를 지기로 한다. 한 시간이 넘도록 오지 않는다. 길 반대편 정류장에 버스 한 대가 선다. 혹여 해서 묻는다. 노선이 맞으니 타라고 한다. 시원시원한 말투의 '여장부' 기사다.

"아무리 시골 마을버스지만 온다는 시간은 지켜야지."

살짝 짜증을 내다가 사르르 깜빡 졸았다.

"이런 나쁜 새끼! 이런 곳에다가 주차를 하다니, 미친 게 아냐?"

길가 불법 주차에 대해 여장부 기사가 버럭 화를 낸다. 내지르는 고함에 정신이 바짝 든다. 이제 그만 내려서 걸으라는 호통인지 모르겠다.

멀리 구룡포가 보인다. 어느 해안 마을을 지나는데, 여기저기 공사를 하고 있어 어수선하다. 뿐만 아니라 뭔가가 기이하다. 하얀 몸뚱이를 드러낸 나무들이 마을 뒤 언덕 등성이에 줄지어 있다. 무슨 일이지? 주민 한 분을 만나 물었다.

"지난 해 들이닥친 태풍의 잔해이지요."

거센 바람에 소금물이 날아 와 나무를 고사시켰다고 하니, 태풍의 위력에 몸이 오싹해진다. 해안이 늘 아름답고 태평스러운 것만은 아닌가 싶다.

바다는 시치미를 떼고 있다. 언제 그런 일이 있었느냐고? 짙푸른 물결이 출렁이고 있다. 산책하기 좋은 길이다. '호미반도 해안둘레길'이라는 이정표가 행인을 반긴다. 오징어를 말리는 덕장도 눈에 띈다. 드디어 이번 코스의 종점인 구룡포 항구이다. 귀에 익은 만큼 항구는 큰 규모를 자랑하고 있다. 일본 강점기 때 어업기지였다고 하는데, 그 흔적이 '일본인 가옥거리'로 고스란히 남아 있다. 일본

고등어 추어탕

식 음식을 판매한다. 평소와 달리 어쩐지 당기지 않는다. 전통시장의 뒷골목에 자리한 선술집을 찾아 들었다. '고등어 추어탕'이라는 메뉴가 눈에 들어왔기 때문이다. 그 맛은 기대에 미치지 못했다. 고급 생선은 다 실어 보내고, 허드레 고기를 먹었을 그 시절 어느 서민의 애잔한 맛인가 싶어 가슴이 먹먹해졌다.

숙소로 돌아오는 길, 다시 일본인 가옥거리를 지나자 갈운 선생님이 생각났다. 일본 교토대학에서 박사학위를 취득하던 시절의 경험담을 종종 들려주셨기 때문이다.

• 갈운 정년퇴임

1990년 갈운 선생님이 정년퇴임하셨다. 전남대학교에 부임하신 지 10년 남짓, 그는 참 많은 일을 하셨다. 학과 창설을 주도하고, 대학원을 개설하고, 학회와 학회지를 설립하고, 각종 학술모임을 선도하셨다. 그분의 퇴임은 내게는 작지 않은 사건이었다. 난생 처음 접한 퇴임이거니와, 나에게는 각별한 분이셨기 때문이다.

사실상 나를 이끌어 주신 또 한 분의 은사이셨지만, 때로는 '귀여운 친구'이셨다. 평생 외곬으로 학문에 종사한 터라 특별한 취미도 없었다. 겨우 바둑을 조금 둘 수 있는 정도였다. 어쩌면 바둑이라기보다는 오목에 가까웠다. 오급 정도인 내가 다섯 점을 핸디로 드릴

회고사십상

정도니 말이다. 아무튼 손수 커피까지 타 들고 내 연구실로 오셔서 바둑을 두자고 성화를 부리셨다. 어쩌다 한번 이기시면 그렇게 좋아하셨다. 수담과 더불어 오랜 연륜이 녹아든 소중한 조언을 덤으로 들었다. 아마도 그것이 내 연구실을 찾아오신 진짜 이유였는지도 모른다. 퇴임이 얼마 남지 않은 어느 날, 갈운 선생님은 바둑을 두다 마시고 입을 여셨다.

"양 선생, 학과를 잘 부탁하네. 다른 데로 갈 생각하지 말고."

최근 서가를 정리하다가 선생님의 수필문집 <회고사십상>을 발견하였다. 선생님의 글은 고투가 완연했다. 서문에서 선생님은 당신의 퇴임을 이렇게 감사하셨다.

> '세월이 지나 세상이 바뀌어진다'는 시이세환(時移世換)이란 말마따나, 광복 50년이 된 오늘의 우리 사회는 무척 많이도 변해진 것이다. 세월이 감에 따라 모든 것이 변한다는 것은 정해진 이치이다.
>
> 광복된 때의 나는 21세의 철이 제대로 들지 못한 청년이었건만, 세월 따라 칠십노부(七十老夫)가 되었다. 중국의 황하(黃河)의 물이 맑아지는 날은 기다릴 수 없다함과 같이, 불만백(不滿百)의 인명(人命)을 늬라서 늘릴 수 있을 건가? 다 살아가는 일생의 후말기(後末期)에서 지난날을 돌이키어 보면, 연약한 몸이 기특하게도 세파(世波)의 험난(險難)함을 넘으며 살아 왔다.

그러나 깊은 학문을 지니고 있으면서도 실용하지 못한다면 그건 한 주머니 속에 있는 약간의 돈만도 못하다고 일렀는데, 나는 하찮은 학문을 가지고 40년간이나 학자연(學者然)의 생활을 해온 것이 부끄럽기만 하다. … 중략 …

주위에서 전에 발표한 수필적인 산문을 정리하여 한 책자로 엮기를 권하는 것이었다. 대학에 재직 중 써낸 글이 40여 편 있다. 나는 그 권함을 좇아 20여 편을 골라 이 책으로 꾸미었다. 문화(文華)스러운 것도 아니고, 문장 중에 든 사상 즉 문사(文思)가 일관(一貫)되어 있는 것도 물론 아니라, 그야말로 잡문(雜文)들임에 불과하다. 이에 든 글은 다 재직 40년 간에 쓴 것들이어서 그 40년에 대한 생각을 일으키는 바에, 40년을 회상한 글의 제목을 그대로 이 책의 제명(題名)으로 삼았다. 끝으로 이 책자를 펴내 주신 분에게 깊은 감사를 드린다.

우연의 일치에 불과하지만, 갈운 선생님과 똑같이 나도 40년을 교단에서 보냈다. 그리고 이를 회고하며 잡문을 쓰고 있다. "하찮은 학문을 가지고 40년간이나 학자연(學者然)의 생활을 해온 것이 부끄럽기만 하다."라는 말씀에 새삼 부끄럽다. 중국언어학, 특히 성운학 분야에서 국제적인 대학자였지만 저리 겸손하셨건만! 새삼 나 스스로를 돌아본다. 다만 다른 데로 가지 않고 당신이 창설한 학과를 고수하였다는 점에서 자위해본다. 갈운 선생님과의 약속을 지켰으니 말이다.

14 코스

구룡포항 ↔ 호미곶

구룡포항 ⇌ 1.7km ⇋ 구룡포해변 ⇌ 12.4km ⇋ 호미곶 총거리 14.1km

주상절리

용암의 기억

아무도 안 계셔요?

이른 아침, 출발 전 날씨를 체크했다. 오전에는 흐리고 오후에는 햇빛이 강할 것이라고 한다. 선크림을 듬뿍 바르고 여관을 나섰다.

"어 땅이 젖었는데? 일기예보가 맞겠지."

웬걸, 빗방울이 하나둘 떨어지기 시작한다. 한 시간 정도 지났을까? 추적추적 내리더니 이내 주룩주룩 쏟아진다.

"비옷도 슬리퍼도 배낭 제일 아래에 쑤셔 넣어 버렸는데, 한 치 앞도 못 본다더니…"

우중충한 날씨 속 해안가에 주상절리가 펼쳐진다. 경주의 주상절리에 비해 규모가 작다. 짓궂은 날씨마저 겹치니 오가는 인적조차 드물다. 그저 머릿속으로 한때 용암이 이글거렸을 때의 열기를 상상해보며 걸음을 재촉한다. 따듯한 차라도 한 잔 하면 좋겠다 싶어서다. 마침내 마을 한 모퉁이에 자그마한 찻집을 발견하자 나도 모르게 발걸음이 빨라진다. 분명 실내 불도 켜져 있건만 문이 굳게 닫혀 있다. 잠시 외출했나 싶어 문 앞에 쪼그리고 앉아 기다렸지만 함흥차사이다.

"할 수 없지. 그냥 걷자꾸나."

오후 출출할 때면 차와 간식을 챙겨주시던 원봉 선생님이 생각난다. 선생님의 연구실은 언제든지 열려 있었다.

• 무자식(無子息)

원봉 김상주 교수 퇴임식

세상에는 이율배반적인 일이 분명 있다. "없으면서 있다." 혹은 "없으므로 많다."라고 말한다면 분명 말도 안 된다고 할 것이다. 노자(老子)의 도(道)가 '무(無)'이면서 '유(有)'이듯이, 틀림없이 이율배반적인 것이 있을 뿐만 아니라 그것이야말로 참된 진리에 가까운 것인지도 모른다.

원봉 김상주 교수님은 평생 혼자 사셨다. 당연히 무자식(無子息)이다. 그러나 그분을 어머니로 모시는 자식은 누구보다 많았다. 몇 년 전 영결식장에서 나는 똑똑히 확인했다. 수많은 제자들이 어머니라고 부르며 호곡했다. '무(無)'자식이 바로 '다(多)' 자식이라는 사실을 감동의 눈물로 지켜보았다. 한 번도 티를 내지 않으시고 어려운 학생들의 학비와 심지어 생활비를 수없이 지원하셨다는 사실을 나는 잘 알고 있다.

교수의 직무를 교육과 연구로 거칠게 나눌 때, 원봉 선생님은 교육에 특화된 분이었다. 외국어대학 수학과 대만 유학 경험을 바탕으로 중국어 구사력이 탁월하셨다. 외국어 학습에 대해 확고한 생각을 갖고 있었다. 정규 수업 시간만으로는 절대로 외국어를 습득할 수 없다고 강조하시면서, 본 수업보다 훨씬 많은 시간을 할애하여 중국어 '무상' 교육을 지속하셨다. 때론 일부 학생들이 볼멘소리를 해댔지만 조금도 흔들림이 없었다.

사실 중국어 구사력에 관한 한 나에게도 큰 도움을 주셨다. 고대 한어, 즉 한문에 치중했던 교육을 받았고, 그나마 많지 않은 중국어 학습도 귀와 입이 아니라 눈과 머리로 배웠기에, 사실상 중국어에 관한 한 나는 벙어리요 귀머거리에 가까웠다. 이런 사정을 잘 알기에 원봉 선생은 복도에서 마주치면 중국어로 말을 걸어오셨다. 가끔 당혹스러웠지만 그 호의를 알기에 기쁜 마음으로 받아들이고 나 자신을 채근하였다.

사정이 이러하니 올라운드플레이어를 자처한 나이지만 교양 중국어 강의는 늘 시련이었다. 한번은 이런 일도 있었다. 중국어 수업을 진행하고 있는데, 생김새도 말소리도 남다른 여학생이 있었다. 알고 보니 화교 학교를 초등학교에서부터 고등학교까지 다닌 화교였다. 순간 얼굴이 화끈해졌다. 원봉 선생이 이를 듣고 거드셨다.

"말하기 시범 조교로 활용하세요."

다음 시간부터 그 학생은 나의 중국어 수업의 시범 조교가 되었다. 그야말로 교학상장이었다.

정년퇴임을 앞두니 원봉 선생님이 더욱 그립다. 몇 년 전 원봉 선생은 작고 하셨다. 함께 근무하였고 동갑인 춘정 선생님은 아직 건승하신데….

15 코스

호미곶 ↔ 흥환보건소

호미곶 ⇄ 5.3km ⇆ 대동2리항 ⇄ 4.2km ⇆ 발산2리항 ⇄ 3.1km ⇆ 흥환보건소
총거리 12.6km

상생의 (오른)손

상생의 (왼)손

말목장성

호미곶(虎尾串), 독특한 이름이다. 한자를 보면 뜻을 쉽게 알 수 있다. 동해안 해안선이 남으로 내달리다가 호랑이 꼬리처럼 툭 튀어나와 곶을 이룬 곳이다. 한 곳에 제법 많은 사람들이 줄을 서서 차례를 기다리고 있다. '상생의 손'이라는 조형물 앞에서 기념사진을 찍기 위해서이다. 상생의 손은 해맞이 광장에 위치한 것으로, 인류가 화합하고 화해하며 더불어 사는 사회를 만

들어가자는 의미로 담은 조각물이라고 한다. 바다에는 오른손이, 육지에는 왼손이 마주보고 있다. 인류 운운 하는 설명이 선뜻 가슴에 와 닿지 않는다. 우리에게는 급히 꺼야할 발등의 불이 있기 때문이리라.

"인류의 상생까지 갈 것 없이, 우선 이 좁은 한반도에서 좌익과 우익이라는 분열부터 치유할 수는 없을까?"

해안을 따라 걷는데, 전혀 뜻밖의 시설이 눈에 들어온다. '구룡포 말목장성 탐방로'라고 적혀 있다. 말목장성은 말을 키우던 돌 울타리를 말한다. 정확한 축조 시기는 알려지지 않았지만, <삼국유사> 등의 기록에 의하면 그 역사가 약 1400년에 달하는 것으로 추측된다고 한다.

"동해 바닷가에서 배를 만들어야지, 말을 키우다니 … 쯧쯧"

어쩐지 아쉬운 마음이 든다. 뚜벅뚜벅 걷는 내내.

포철 원경

• 가자 대륙으로

교수가 된 지 10년이 넘어서 처음 연구년의 기회를 잡았다. 잔뜩 벼렸다.

"가자, 대륙으로!"

본토 중국과 수교를 맺은 직후였다. 여러 루트를 통하여 겨우 초청장을 입수하였다. 강소성(江蘇省) 양주(揚州) 소재의 양주사범대학(후에 양주대학으로 개칭)에 방문교수로 가게 된 것이다. 지금은 소도시에 불과하지만, 전통 시기에는 경항대운하의 주요 거점이어서 경제적으로도 문화적으로도 크게 번성하였던 곳이니, 고전문학을 연구하는 데 딱 좋은 장소였다.

대륙 학자와 학술대담

대학 본부에서 전화가 왔다. 부처장을 맡아달라는 제안이었다. 일거에 거절했다. 드디어 벙어리와 귀머거리 신세를 벗어날 기회인데 어찌 포기하겠는가? 지금 생각해도 '잘'한 결정이었다. 그 때 만약 본부로 들어가 보직을 수행했더라면 어쩌면 여전히 벙어리 신세를 면치 못했을지도 모르는 일이다. 중국과 국교를 맺은 지 얼마 되지 않은데다가 양주라는 지역이 지방인지라, 양주 전체에 한국인은 나 혼자였다. 생존을 위해서 필사적으로 중국어를 익혔다. 드디어 입이 열리고 귀가 터졌다.

다만 힘들었던 것은 가족과 떨어져야 한다는 점이었다. 두 딸과 아내와 헤어져 지내야 했다. 둘째 딸은 갓 태어나 돌도 지나지 않았다. 혼자 힘들었을 아내 그리고 돌봐주지 못한 딸들을 생각하면 아직도 미안하고 고맙다. 당시 영상통화라는 것은 꿈도 꿀 수 없었거니와 일반 국제 통화마저도 양주대학 본부에 신청해서 겨우 할 수 있었다. 그리움과 미안함으로 힘든 나날을 보냈다.

아내와 두 딸

"남들은 대부분 가족을 데리고 미국이나 유럽으로 가던데…"

힘듦을 에너지로 전환하려고 노력했다. 덕분에 귀와 입이 터지고 열렸다. 현지에서 중국어로 진행되는 학술회의에도 자연스럽게 참여할 수 있게 된 것이다.

16 코스

흥환보건소 ↔ 송도해변

흥환보건소 ⇄ 5.2km ⇆ 연오랑세오녀공원 ⇄ 5.0km ⇆ 도구해수욕장 청림운동장 ⇄ 9.4km ⇆ 송도해변 총거리 19.6km

기암괴석

해안+길

거대한 포철

해안가를 따라 덱 길이 이어진다. 오랜 시간과 질긴 파도에 침식되어 가지가지 모습을 하고 있는 바위들이 볼거리다. 간혹 자연 상태 그대로인 '해안+길'도 있는데, 걷는 데는 결코 편하지 않다. 새삼 덱 길의 편함이 고맙다. 천연과 인위의 적절한 배합이 최상이 아닌가 싶다. 노자(老子)의 무위자연(無爲自然)이라는 구호가 가끔은 미심쩍어지는 이유이다.

연오랑세오녀공원이 맞이한다. <삼국유사>에 실린 설화를 바탕으로 조성된 공원이다.

공원 표지

해당화

신라 제8대 아달라왕 4년(157) 동해변에 연오랑·세오녀 부부가 살았다. 하루는 연오가 바닷가에서 해조(海藻)를 따고 있던 중 갑자기 바위가 연오를 싣고 일본 땅으로 건너갔다. 그 나라 사람들이 연오를 보고 비상한 사람으로 여겨 왕으로 삼았다. 세오는 남편 연오가 돌아오지 않자 찾아 나섰다가 남편이 벗어 둔 신을 보고 그 바위에 오르니 바위가 또 세오를 일본으로 실어 갔다. 그 나라 사람들이 놀라 이 사실을 왕께 아뢰니 부부가 서로 만나 세오를 귀비로 삼았다. 이 때 신라에서는 해와 달이 빛을 잃었다. 일관(日官)이 아뢰기를 일월의 정기가 일본으로 건너가 버려 괴변이 생겼다고 하였다. 이에 국왕은 사자를 일본에 보내어 이들 부부를 찾게 되었다. 연오는 그들의 이동은 하늘의 시킴임을 말하고 세오가 짠 세초(細綃)로 하늘에 제사하면 다시 일월이 밝아질 것이라고 하였다. 이에 사자가 가지고 돌아온 그 비단을 모셔 놓고 제사를 드렸더니 해와 달이 옛날같이 다시 밝아졌다. 비단을 창고에 모셔 국보로 삼고 그 창고를 귀비고(貴妃庫)라 하였으며, 하늘에 제사 지내던 곳을 영일현(迎日縣)이라 하였다. <한국민족문화대백과>에서 인용

전망대, 산책로, 전시관 … 두루 둘러 볼 염두가 나지 않을 정도로 규모가 방대하다. 설화를 아는지 모르는지, 공원 울타리에 해당화가 붉게 피어 바다를 무심히 내려다보고 있다. 멀리 포철이 보인다. 머잖아 번잡한 시내 구간이 이어진다. 버스를 탔다. 주마등처럼 교학상장 40년이 흐른다. 첫 저서의 출간도 그 중 하나이다.

• 첫 저서

1994년 첫 저서로 <중국희곡>을 출판했다. 652쪽에 달하는 거작이다. 그간 올라운드플레이어로서 수 년 동안 꾸준히 준비한 결과이다. 벅찬 마음으로 그 경위를 서문에 담았다.

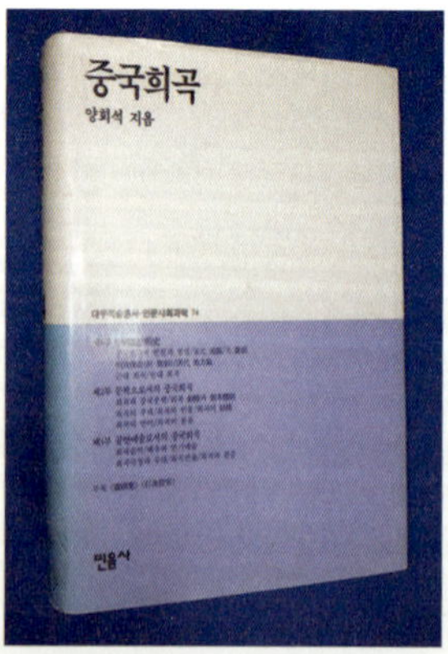

중국희곡

중국에는 현재 두 가지의 연극 형태가 존재한다. 하나는 노래와 춤을 위주로 하는 중국 고유의 양식으로 이를 희곡(戱曲)이라 하고, 다른 하나는 근현대에 서구로부터 받아들인 외래 양식으로 대사 즉 말〔話〕을 주요 수단으로 삼는다고 해서 이를 화극(話劇)이라 부르며, 이것들을 합쳐서 희극(戱劇)이라 칭한다. 이 책에서의 주요 관심사는 바로 전자인 희곡이다. …

필자가 중국희곡을 접하기 시작한 것은 1982년이다. 당시 막 대학 강단에 섰던 필자에게 주어진 과목 중의 하나가 중국희곡이었다. 비록 인접 분야인 散曲을 전공하였다고는 하지만, 변변한 참고 도서 하나 없어 그저 얄팍한 문학사적인 상식에 의지하여 땀을 흘렸던 것이 아직도 눈에 선하다. 그 무렵 갈운 문선규 박사께서 중국 희곡의 중요성을 강조하면서 격려를 아끼지 않으셨고, 아울러 아예 중국 희곡을 본격적으로 연구하여 책으로 엮어보라고 권유하셨다. 학자가 나이 마흔이 되도록 자신의 저서 하나 없다면 부끄러운 일이라는 말씀도 기억이 생생하다. 이제 그 기대에 어느 정도 부응한 것 같아 우선 기쁘고, 이 책이 희곡 연구의 촉진제가 되었으면 하는 바람이다.

이 책의 내용은 적지 않은 욕심을 부리고 있다. 국내에 희곡 관련 전문 서적이 거의 전무하다는 것을 빌미로 하여, 가능한 모든 분야를 다루기로 한 것이다. 1부는 中國戲曲簡史라는 이름의 사적인 기록이다. …2부에서는 문학텍스트로서 중국희곡을 다루고 있다. … 3부에서는 공연예술의 측면에서 희곡을 검토하고 있다. …

이 책의 내용은 필자의 순수 사고보다는 기존 연구 성과의 성실한 정리와 소개가 더 큰 비중을 차지하고 있다. … 되도록 출처를 밝히고 또 우리말다운 용어를 쓰려고 애썼지만, 미처 미치지 못한 점도 있을 것이다. 이 자리를 빌려 원 저자의 양해를 구하고, 아울러 사계 제현들의 질정을 바라고 싶다. 1994년 5월 10일

이제 와서 돌이켜 보면, 어설픈 대목이 군데군데 적지 않다. 무모할 정도로 열정이 앞섰던 소치일 것이다. 그러나 중국희곡연구자의 입문서 역할은 나름 충실히 수행했다고 자평하고 싶다. 물론 교학상장의 덕분이다.

17 코스

송도해변 ↔ 칠포해변

송도해변 ⇌ 3.1km ⇋ 포항여객선터미널 ⇌ 5.0km ⇋ 여남동숲길 ⇌ 5.4km ⇋ 포항영일신항만 ⇌ 4.4km ⇋ 칠포해변 총거리 17.9km

포항운하

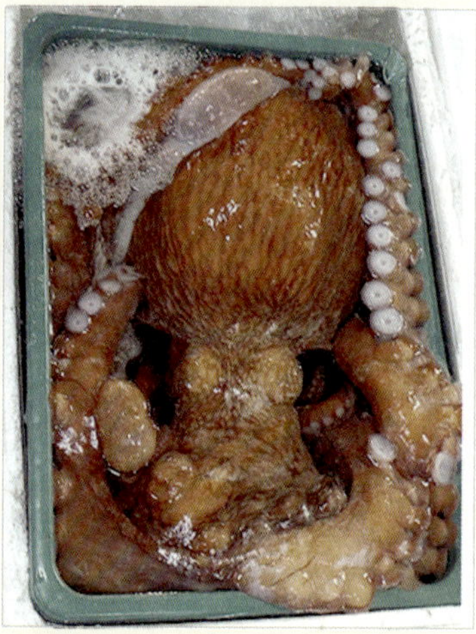

대왕문어

해변의 적막

하루 일정을 마감하고 숙소를 찾아드는 길에 포항운하라는 푯말이 보인다.

"포항에 운하가 있었나?"

전국적으로 그 유례를 찾아보기 어려운, 육지 내 항구인 동빈내항을 끼고 분명 운하가 흐르고 있다. 원래 형산강과 영일만 바닷물이 만나는 지점으로, 개발에 밀려 물길이 끊어져 갇히는 바람에 고인 물이 썩어가자, '생태복원'을 위해 물길을 텄다고 한다.

이른 아침 송도해변을 찾았다. 평화의 여신상만이 휑한 광장을 지키고 있다. 한 때 송도해수욕장의 대표적인 상징물이었던 것이 도로가 개설되면서 철거된 뒤 복원한 것이라고 한다. '여신'의 모습이 너무 서구적이라서 이질감이 순간 느껴진다. 한복 입은 우리네 어머니였으면 더 좋으련만. 건너편 바닷가를 독차지 하고 있는, 엄청난 규모의 포철이 이런 나를 비웃는 듯하다.

"왜 그리 속이 좁은가요?"

포철의 위용

어제 걷다가 어디선가에서 현금카드를 분실해버렸다. 교통카드를 겸하고 있으니 재발급이 시급했다. 해파랑길을 벗어나 죽도시장을 찾았다. 경북 최대의 재래시장이니 당연히 우체국이 있을 것으로 예상했다. 명성만큼 다양하고 풍성한 해산물이 진열되어 있었다. 그 중에서도 내 시선을 사로잡은 것은 대왕문어였다. 20kg! 더 큰 것도 있다고 하니, 그야말로 '대왕'문어라 할 만하다. 시장 구경을 잘 하고 우체국을 찾았다. '화물'만 취급하지 '금융' 업무는 보지 않는다고 한다. 시내우체국을 찾아 한참 걸었다.

갑작스레 비가 쏟아진다. 버스를 타고 칠포해변을 향했다. 역시 탁 트인 해변이 나를 반겨준다. 그런데 바닷물 못지않게 눈길을 끄는 것은 민물이었다. 곡강천! 강이라고 불러도 손색이 없다. 이번 기행 이전에 나는 동해안에는 강이 없는 줄 알았다. 지도를 보면 해안선이 매끈하기 때문이다. 그런데 그게 아니었다. 수영강, 형산강, 태화강이 있거니와, 강만큼 제법 큰 물줄기를 뽐내는 천(川)도 많았다. 문득 이참에 강과 천의 경계가 궁금했다. 일본에서는 모두 '가와(川)'라고 부르는데, 우리는 어떤 기준으로 나누는 것일까?

곡강천

• 에로스의 재발견

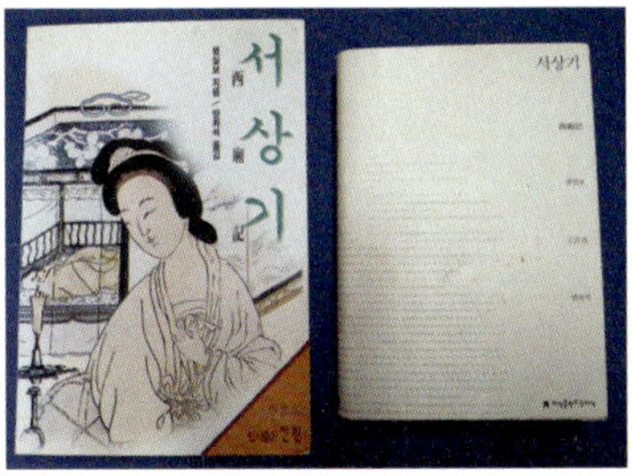

서상기 초판과 개정판

첫 저서인 <중국희곡>에 이어 1996년 첫 번역서 <서상기>를 출간했다. <서상기>는 중국희곡을 대표하는 작품 중의 하나이다. 역시 교학상장의 소산이다. 20년이 지난 2016년 개정판을 내면서 <서상기>의 주제인 '사랑'에 초점을 맞추어 재해석했다. 그 결과 <서상기>를 통하여 에로스를 재발견하자고 제안하였다.

기실 <서상기>는 얼핏 보면 황당한 이야기이다. 장생은 과거 응시차 장안으로 가던 길이었고, 앵앵은 장례차 선친의 영구(靈柩)를 모시고 고향으로 가던 길이었다. 게다가 앵앵은 이미 약혼한 상태였다. 말하자면 두 사람은 일생 중 가장 엄숙하고 중대한 일을 앞두고 있었던 셈이다. 그런데 첫눈에 반해서 사랑의 실랑이를 벌이더니 급기야는 서상, 즉 서쪽 곁채에서 비밀리에 동거를 해 버리는 것이다. 과거 시험도 소용없고, 선친의 장례도 나 몰라라 한다. 약혼 따위는 애초부터 말할 나위가 없다. 한마디로 얼빠진 젊은이들의 철없는 애정 행각이라 해도 과언이 아니다. 그럼에도 불구하고 중국인들은 왜 좋아했을까?

또한 원(元)이라는 당시 시대 상황을 염두에 두면, <서상기>는 그야말로 '한가로운' 이야기에 불과하다. 동아시아 동단에서 유럽 서단에 이르는 몽골제국의 중심이었던 원은 한마디로 '경천동지(驚

天動地)'의 시대였다. 유사 이래 세계의 중심, 즉 '중화'라고 자부해 오던 중국 대륙이 통째로 '오랑캐' 말발굽 아래 놓이게 됐다는 점에서 '놀라운' 시대였다. 반면 마르코 폴로의 <동방견문록>이 보여 주듯이 동서 문명이 교류하면서 사회 전반이 역동했다는 점에서 '놀라운' 시대였다. 누군가에게는 암흑이고 누군가에는 희망이겠지만, 아무튼 하늘이 놀라고 대지가 흔들리는 시대였음이 분명하다. 이런 시대에 선남선녀의 흔하디흔한 사랑 타령이라니 얼마나 '한가로운' 일인가? 그런데 왜 역대로 중국 관객은 이처럼 '한가로운' 이야기에 열광했을까?

<서상기>를 꼼꼼히 읽다 보면 이러한 궁금증은 저절로 풀린다. 우선 전편에 걸쳐 펼쳐지는 아름다운 문장에 매료되기 마련이다. 중국 전통 연극의 핵심은 노래인데 극본에서 그것은 곧 시가 된다. 시가 주축을 이루고 있는 <서상기> 극본은 하나의 장편 시라 해도 과언이 아니다. 때문에 <브리태니커 세계대백과사전>는 감동을 자아내는 아름다운 문장으로 짜임새 있게 엮은 <서상기>는 중국에서 가장 유명한 애정 고사로서 천하의 명문으로 예로부터 칭송되고 있다고 평하고 있다.

그러나 <서상기>의 진가는 그 명문이 담고 있는 에로스의 진면목과 그 역량을 발견하는 데 있다. 플라톤의 저작을 라틴어로 처음 번역하고 본격적으로 해설한 이탈리아의 마르실리오 피치노는 에로스에 대한 정교한 해설을 제시한 바 있다.

> "지배자는 자기 자신을 통해 타자를 장악하지만, 사랑하는 자는 타자를 통하여 자기 자신을 되찾는다. 사랑하는 두 사람은 각각

> 자기 자신에게서 걸어 나와 상대방에게로 건너간다. 그들은 각각 자기 안에서 사멸하지만 타자 속에서 다시 소생한다."

흡사 피치노가 <서상기>를 두고 말하고 있는 듯하다. 장생은 지금까지의 장생을 사멸시키고 앵앵으로 걸어 들어감으로써 새로운 장생을 다시 찾았고, 앵앵은 지금까지의 앵앵을 사멸시키고 장생으로 걸어 들어감으로써 새로운 앵앵을 다시 찾은 것이다. 이것이 바로 에로스의 기제이자, 바로 <서상기>가 던지는 메시지다. 타자를 인정하고서 일단 자아를 부정하여 그와 하나가 됨으로써 다시 태어났기에 그/그녀는 더욱 강한 주체가 되고, 그들을 보고 읽는 관객과 독자 역시 강한 역량을 얻게 되었으리라. 독일에서 활약하고 있는 한인 철학자 한병철의 멋진 발언처럼.

> "에로스는 완전히 다른 삶의 형식, 완전히 다른 사회를 향한 혁명적 욕망으로 나타난다. 그렇다. 에로스는 도래할 것을 향한 충실한 마음을 지탱해 준다." (한병철 지음, 김태환 옮김 <에로스의 종말>, 문학과지성사)

<서상기>가 발하고 있는 에로스의 역량은 물론 원대라는 특수한 시대에 국한하지 않는다. 아니, 어쩌면 인류 역사상 에로스가 가장 절실한 때가 우리가 사는 21세기인지도 모른다. 첨단 데이터베이스를 동원한 결혼 시장과 각종 매체를 독점하는 포르노, 그리고 나와 다르다는 이유 하나로 자행하는 자살 테러와 자기 안에 갇혀 저지르는 무차별 살해 등등. 참된 사랑이 아니면 무엇으로 치유하겠는가? 우리 시대야말로 <서상기>를 진지하게 읽어야 한다. 천하 명문 속에 담긴 에로스의 재발견을 위하여 말이다. 2016년 9월

18 코스

칠포해변 ↔ 화진해변

칠포해변 ⇌ 3.3km ⇋ 오도리해변 ⇌ 7.8km ⇋ 월포해변 ⇌ 8.2km ⇋ 화진해변
총거리 19.3km

동해의 수평선

갈매기 쉼터

모처럼 온전하게 바닷길을 걷는다. 끝없이 이어지는 동해의 물결, 비 온 뒤끝에 물빛이 더욱 환상적이다. 저만큼 떨어진 곳, 물위에 보일락 말락 하는 바위 위에 갈매기들이 올망졸망 모여 있다.

바다가 보이는 찻집

시내와 바다의 만남

모래톱에 갇힌 민물! 누군가가 인위적으로 뚫어 물길을 내준 덕분에 어렵사리 바다로 흘러 들어간다.

"저렇게 막힌 채 시간이 지나면 석호가 되겠지?"

상념에 젖어 있을 무렵, 낯익은 간판이 눈에 들어온다.

끽다헌(喫茶軒)!

전통찻집인가 싶었는데, 내 나이 또래의 주인은 커피 애호가였다. 최근에야 알게 된 '아포카토' 한 잔을 시켰다. 창밖 경치와 어울려 최고의 맛이었다. '따끈함'과 '달콤함'을 음미하면서 나는 방금 보았던 작은 시내를 떠올렸다.

"시냇물도 바다로 들어가기가 녹녹치 않는 것이구나. 지상의 물은 바다에서 시작되어 다 바다로 돌아가는 것이거늘."

사람이 통과의례를 거치듯이, 저 물도 그러하나 보다.

• 춘정 정년퇴임

정년퇴임도 일종의 통과의례일까? 갈운 선생님과 동천 선생님에 이어서 춘정 선생님도 정년을 맞게 되었다. 퇴임을 목전에 앞두었지만,

춘정 선생 퇴임 기념

춘정 선생님은 후학들의 독회에 참석하여 격려의 힘을 실어주셨다. 우리 후학들은 그동안 읽어 왔던 것을 모아 <중국고대문학사상과 이론>으로 출간했다. 독회를 대표하여 이렇게 서문을 썼다.

이 지역 중문학자들이 원전 읽기의 중요성을 절실하게 느끼면서 <중국고전문학이론독회>라는 모임을 갖기 시작한 것은 2001년 3월이었다. 이 책 <중국 고대문학사상과 이론>은 우리가 지금까지 매월 2회씩 중국고전문학이론에 관한 주요 텍스트를 읽고 토론한 결과를 정리한 것이다. 사실 시기적으로는 빠른 감이 있음에도 불구하고 이 책을 서둘러 펴내기로 한 것은 꼭 기념하여야 할 일이 있기 때문이다. 우리 모임의 최고 원로인 춘정(春亭) 김재승(金在乘) 교수께서 머잖아 정년 퇴임을 맞게 된 것이다.

비교적 젊은 학자들로 구성된 우리 모임에 춘정 선생님은 유달리 눈에 띄는 분이다. 춘정 선생님은 당신의 아호에 걸맞은 한없이 온화한 표정으로 늘 묵묵히 젊은 학자들의 발표와 토론을 경청하고 연륜이 물씬 녹아있는 고견을 개진하여 주셨다. 발표가 대부분 네다섯 시간을 넘기기 일쑤였지만, 춘정 선생님의 유난히 꼿꼿한 자세는 조금도 변함이 없었다. 이러한 모습은 우리에게 언제나 큰 힘을 주는 버팀목이 되었다. 아마도 춘정 선생님은, 후학과 함께 하는 것이야말로 후학을 격려하는 최선의 길임을 알고 실천한 것이리라. 이 책은 그러한 춘정 선생님의 뜻을 기리는 것이자, 앞으로도 그러한 뜻이 계속되기를 바라는 염원을 담고 있다.

이 책은 선진시기부터 위진남북조시기까지의 중국 문학 사상과 이론에 관한 주요 텍스트를 선별하여 해제와 역주를 가한 것인데, 대부분 편마다 집필자가 다르다. 따라서 매 편마다 번역의 문체나 주석의 내용에 있어 일관성이 부족하다는 느낌을 피할 수 없다. 이는 번역자의 학문 경향과 개성이 각기 다르고 또한 참고한 서적이 다양함에서 기인하는 것이다. 사실 천의무봉(天衣無縫)하는 완벽함을 처음부터 기대하는 것은 무리일는지 모른다. 집필자의 개성은 어느 정도 존중하되 기술 내용의 오류는 최대한 피하기 위해서, 우리는 여러 차례교정 작업을 거쳤다. 그럼에도 불구하고 미흡한 부분이 있을 것이니, 독자 제현의 질정을 기대할 수밖에 없다. 우리 모임의 첫 결과물인 이 책은 하나의 완성이라기보다는 오히려 앞날에 대한 우리 스스로의 다짐이다.

끝으로 이 책은 전남대학교 학술도서 출판 지원을 받아 출판하였음을 밝힌다. 아울러 전남대학교 출판사의 관심과 배려에 사의를 표한다.

2003년 1월 15일 중국고전문학이론독회 일동

춘정 선생님은 개인적으로도 각별한 분이었다. 1981년 봄, 대학원을 마친 뒤 입대할 날을 기다리며 소일하고 있던 나에게 고마운 제안을 하셨다. 기다리는 동안 전남대학교 조교로 와서 책이라도 보라는 말씀이셨다. 이렇게 시작된 전남대학교와의 인연이 40년이나 지속될 줄은 전혀 예상하지 못했다. 아무튼 같은 해 12월, 나는 사표를 쓰고 논산 훈련소에 입소했다. 그런데 신체검사 결과, 고도의 근시라고 판정되어 귀향 조치를 받았다. 돌아보니 춘정 선생님은 나의 사표를 당신 서랍에 넣어두고 계셨다.

"어쩐지 돌아올 것 같더군." 환한 얼굴로 반겨 주셨다.

19 코스

화진해변 ↔ 강구항

화진해변 ⇌ 4.2km ⇋ 장사해변 ⇌ 5.1km ⇋ 구계항 ⇌ 3.8km ⇋ 삼사해상공원 ⇌ 2.7km ⇋ 강구항 총거리 15.8km

화진 해변

문산호

잊혀진 영웅들

또 오마 문산호야

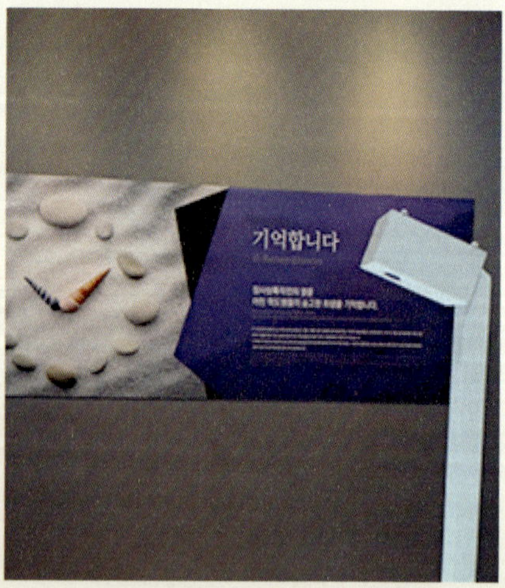

정말 기억하는지?

화진해변에서 장사해변으로 향하는 길은 나의 취향과는 거리가 멀었다. 아마도 해안가에 부대가 또 있는가 보다. 이처럼 우회해야 하는 것을 보니 말이다. 투덜대면서 쌩쌩 달리는 자동차와 더불어

강구항 스템프

강구항 야경

한참을 걸었다. 언덕에서 내려 보니 멀리 군함 한 척이 모래사장에 좌초된 듯 서있다. 궁금증에 절로 발걸음이 빨라진다.

"문산호"

"장사상륙작전 전승기념관"

"잊혀진 영웅들!"

장사상륙작전은 1950년 9월 15일부터 9월 28일까지, 인천 상륙작전의 양동작전으로 실시되었고, 그 주역은 군번도 없는 학도병 174명이였다. 대부분이 희생되었지만, 인천 상륙 작전의 성공에 크게 기여하였다고 한다.

"기억합니다."

라는 설명문을 읽으며 숙연함을 너머 부끄러웠다. 솔직히 나는 기억은커녕 사실 잘 알지도 못했기 때문이다.

"나만 모르고 대부분 사람들은 기억하고 있을까? 제발 그랬으면 좋으련만."

'전승'이라는 허울 좋은 명목만 달랑 달아주고서, 숭고한 '희생'의 존재조차 우리는 잊고 있는 것은 아닌지 돌이켜볼 일이다. 상념에 젖어 걷고 걸었다. 돌아보니 문산호가 발길을 다시 붙잡는다.

"또 오마, 문산호야."

19코스의 종점인 강구항에 도착했다. 오십천(五十川) 하구(河口)에 있기에 강구(江口)라고 불리는 항구로, 영덕대게의 본고장이라고 대대적으로 선전하고 있다. 먼저 숙소부터 정하려고 한 모텔 앞을 지나는데, 잘 차려입은 여인이 붙잡는다. 모텔 주인이다. 함께 경영하고 있는 식당에서 식사를 한다는 조건으로 숙박비를 싸게 해준다고 하면서.

"그래 대게 고장에 왔으니 맛이라도 보지."

결국 바가지 상술이었다. 제철이 아니어서 수족관 속의 게는 모두 수입이었고, 비싸기만 했지 맛은 형편없었다.

"여우에 홀렸나?"

씁쓸했다. 아무튼 식사를 마치고 강가를 걸었다. 야경은 그래도 저 홀로 아름다웠다. 물결 위의 불빛처럼 문산호와 바가지 게가 오버랩 되어 속절없이 흔들렸다. 6·25를 당신의 생일로 삼고 싶다 하셨던 아버님의 얼굴도 어른거렸다.

• 아버지의 6·25

"이제부터는 오늘을 내 생일로 삼아다오."

어느 해 6월 25일, 아버지께서 불쑥 하신 말씀이다. 한국전쟁 발발일이 당신의 진짜 생일보다 더 중요하다는 의미였으리라.

어릴 적 우리 집은 일기예보가 따로 필요하지 않았다. 날이 궂어지고 곧 비라도 내리려고 할 때면 어김없이 아버지께서 자식들을 불러 팔다리를 주무르게 하셨기 때문이다. 그것은 라디오의 일기예보보다 훨씬 정확했다. 아버지 몸에는 여기저기 상흔이 남아있었는데, 그 중에서도 관통상을 입어 철판 조각을 댔다는 한쪽 다리가 첨단 기기인 양 반응을 보여주었던 것이다. 아버지는 눈을 감고 몸을 맡긴 채, 무용담을 늘어놓으셨다. 압록강 물을 길러 마시던 감격, 중공군의 인해전술에 밀려 후퇴하던 고난, 미군들과 손짓 발짓 대화를 주고받던 경험 등등. 모두 흥미진진한 한 편의 영화 장면이었다. 이처럼 아버지는 우리의 영웅이었고, 6·25는 북괴의 침략을 물리친 영웅들의 무대였다.

나이가 들면서 우리 자식들은 아버지의 무용담에 대해 점점 시들해졌다. 급기야 치산(治産)에 실패하고 고향을 떠나 인천의 어느 달동네에서 가족의 생계를 위해 몸부림치실 때, 아버지의 아픈 다리는 아예 피하고 싶은 일종의 금기(禁忌)가 되고 말았다. 변변치 못한 학력으로 별 연고도 없는 타지에서 아버지가 할 수 있는 일은 고작 연탄 배달 같은 막노동뿐이었다. 아픈 다리로 지게 가득 연탄을 지고 비탈길을 오르내리시는 모습을 볼라치면 나는 차마 등교를 하지 못했다. "제가 오늘은 마침 오전 수업이 없으니, 좀 도와드리겠습니다."라고 늘 둘러대다 보니, 나는 대학 생활을 대부분 오후반으로 보내야 했다. 아무튼 우리들에게 아버지의 아픈 다리는 더 이상 무용담의 상징이 아니라, 외면하고 싶은 쓰라린 현실이었다. 그래서인지 어느 순간부터 아버지께서는 아무리 날씨가 궂어도 다리를 주물라는 말씀을 하지 않으셨다. 술 한 잔 마신 뒤 끙끙 앓으며 잠을 청하실 따름이었다. 그렇게 나의 대학 학창 생활은 지나갔다.

일찍이 노자(老子)는 전쟁의 반(反) 대중성을 간파하였기에, "전쟁의 승리를 찬미한다면, 이는 사람 죽이기를 좋아함이라."라고 했다. 또한 대중적 사상가인 묵자(墨子)는 전쟁의 본질이 통치계급이 남을 해쳐 자신의 이익을 도모하는 짓임을 지적한 뒤, "한 사람을 죽이면 한 사람을 죽인 벌을 받아야 한다. 열 사람을 죽이면 열 사람을 죽인 벌을 받아야 한다. 백 사람을 죽이면 백 사람을 죽인 벌을 받아야 한다. 그런데 한 나라를 공격하면 이를 정의라 하고 불의인 줄을 모른다."라고 개탄했다. 전쟁은 결코 민초(民草)를 위한 것이 아니지만, 아버지의 아픈 다리처럼, 그 생채기는 언제나 민초의 몫으로 돌아간다는 사실을 선현들은 꿰뚫어 보았던 것이다.

한국전쟁은 남북한 분단에서 기인하고, 그 분단의 출발은 일제의 강점과 침략 전쟁에서 비롯되었다는 것은 모두가 다 아는 사실이다. 이런 의미에서 일본의 책임도 막중하건만, 마치 이를 비웃기나 하는 것처럼 제2차 세계대전의 전범국 일본은 도리어 경제와 안보면에서 막대한 혜택을 받았다. 예컨대, 도산 위기에 처해있던 도요타는 미국의 군용 트럭 주문을 기반으로 세계적인 기업으로 부각하였고, 일본의 전쟁 재발을 막기 위해 억제하던 선박 제조 역시 한국전쟁을 계기로 하여 급성장한 결과 세계 선박 생산의 26%를 차지하는 조선대국으로 급부상하였다. 또한 한국전쟁 기간, 일본은 미국과 평화조약을 유리하게 체결하는 한편 미군을 통한 안보정책을 확립하였던 것이다. 어디 일본뿐이랴. 미국과 소련은 한국전쟁을 계기로 냉전 시대의 양대 괴수로 그 위상을 확고히 하였고, 중국은 체재 안정과 더불어 국제적 발언권을 높이지 않았던가? 다만 우리 민족만이 동족상잔의 비극으로 만신창이가 되었거니와, 게다가 그 비극이 재현될 가능성이 여전히 남아 있지 않는가!

이런저런 이유로 '아버지의 6·25'는 한동안 잊혀졌다. 아니, 애써 외면하려고 노력하였던 것 같다. 2002년 아버지는 김대중 정부로부터 화랑무공훈장을 받으셨다. 그 때, "이제부터는 6·25를 내 생일로 삼아다오."라고 아버지가 말씀 하셨고, 우리 자식들은 당신의 아픈 다리를 다시 주목하기 시작하였다. 그런데 2년도 채 못 되어서 아버지는 돌아가시고 말았다. 약관의 나이에 한국전쟁에 참전하고 그 상흔을 평생 안고 사셨던 아버지, 살아계신다면 올해 85세가 되셨을 것이다. 우리 사회는 정말로 머잖아 '아버지의 6·25'는 뒤로 하고, 미래 지향적으로 '우리의 6·25'를 이야기해야 할 것이다. 하지만, 그토록 당신 인생의 전부로 생각했던 6·25를 당신의 생신으로 쇠어드리지 못한 것이 못내 서글프기만 하다.

<인문에게 삶의 길을 묻다>에서 옮겨 실음.

20 코스

강구항 ↔ 영덕해맞이공원

강구항 ⇌ 8.0km ⇋ 고불봉 ⇌ 8.3km ⇋ 신재생에너지전시관 ⇌ 1.6km ⇋ 영덕해맞이공원 총거리 17.9km

해파랑공원? 게발공원?

똑같은 해변은 없다

노랑 정류장

영덕해맞이공원 등대

영덕대게로라는 이름의 거리를 걸어 강구항을 벗어났다. 산으로 가는 길과 바닷가로 가는 길이 나의 선택을 기다리고 있다. 당연히 해파랑길에 걸맞은 바닷길을 선택하여 뚜벅뚜벅 걸었다. 오늘은 정말 본격적으로 걸어볼 작정이었다. 항구를 벗어날 무렵 넓직한 공원이 나왔다. 이름은 '해파랑길 공원'이지만, 상징적인 조형물은 역시 '게 발'이었다. 게밖에 없나? 식상하다.

역시 바다가 좋다. 얼핏 비슷해 보이지만, 기실 똑같은 해변은 하나도 없다. 해변을 보며 걷다보니 어제 언짢았던 기분이 싹 풀린다. 중간 중간 마을이 나타나고 마을 앞에는 동화 같이 앙증맞은 모습을 한 정류장이 서 있다. 버스를 기다리는 주민과 눈이 맞아, 인사말을 건네는 셈치고 물었다.

"영덕해맞이공원으로 가는 버스가 있습니까?"

있을 뿐만 아니라 '금방' 온다고 한다.

"감사합니다. 걷다가 오면 타든지 하겠습니다."

걷기를 잘 했다. 경치가 그만이다. 시골의 '금방'은 도시의 '금방'과 달랐다. 40분 정도 걷고 있을 적에 뒤편에서 찻소리가 들려온다. 돌아보니 '농촌'버스이다. 주저주저하는데, 버스가 서서 타라고 한다. 아마도 나와 인사말을 건넸던 주민이 차를 세우게 했나 보다. 마을을 지날 때마다 손님이 탄다. 서로 인사하느라 바쁘다. 다정스럽다. 시골 장터에 구경나온 느낌이다. 몇 분이 되지 않아 어느새 영덕해맞이공원에 도착했다. 사실 동해 바닷가 공원은 그 이름 대부분이 '해맞이공원'이다. 단조롭다. 저만큼 서 있는 등대의 조형물이 독특한 것처럼 저마다 개성이 드러나는 이름은 없을까? 그런데 자세히 보니 대게의 집게발을 형상화한 것이다. 또 대게다. 등대는 바다의 길라잡이거늘, 길잡이의 상징물로서 대게는 미흡한 것 아닐까?.

• 독회

독회만큼 좋은 교학상장의 길은 없다. 중국고전문학이론독회라는 작은 모임을 꾸준히 이끌어 왔다. 그 성과를 <중국 고대 학술의

중국 고대 학술의 길잡이

길잡이>로 출간하고, 그 후기를 썼다.

사람들은 속담을 즐겨 말한다. 속담에는 사람들의 오랜 시간과 넓은 공간의 경험과 지혜가 농축되어 있기 때문이다. 중국의 <증광현문(增廣賢文)>이라는 책은 역대 문헌에 나오는 가구(佳句)와 더불어 속담을 싣고 있는데, 다음과 같은 문구가 특히 눈길을 끈다.

그대와의 대화 한 자리　　同君一席話
십 년 독서보다 낫구려　　勝讀十年書

세상에는 나눌수록 커지는 것이 많을 터이지만, 학문보다 더 한 것이 있으랴! 이러한 생각에 '중국고전문학이론독회'라는 작은 모임을 결성하고, 매월 2회씩 주말마다 중국 고대 문헌에 관한 원전을 읽고 토론하여 온 것이 어느덧 4년 반의 세월이 되었다. 그동안 우리는 <문심조룡(文心雕龍)>에서 시작하여 선진(先秦)시기의 주요 문학 이론을 섭렵하였고, 그 성과를 여러 사람과 공유하자는 취지에서 2003년 2월에 <중국 고대문학 사상과 이론> (전남대학교출판부)으로 출판하였다. 그 뒤를 이어 우리가 학습의 대상으로 선택한 것이 바로 반고(班固)의 <한서(漢書)·예문지(藝文志)>이다. 그것과 씨름한 지 2년 남짓, 우리는 다시 그 성과물을 <중국 고대 학술의 길잡이>라는 이름으로 세상에 내놓고자 한다.

<한서·예문지>는 비록 유흠(劉歆)의 <칠략(七略)>을 대체로 답습한 것이지만, <칠략>이 일실되어 버렸기 때문에, 중국 고대 학술의 원류와 흐름을 파악하는 데 거의 결정적인 자료라 할 수 있다. 따라서 역대 학자들의 큰 관심을 받아온지라, 주석서 역시 적지 않은데, 우리는 이러한 역대 성과를 집성하고 있는 장순휘(張舜徽)의 <한서예문지통석(漢書藝文志通釋)> (華中師範大學出版社, 武漢, 2004), 진국경(陣國慶)의 <한서예문지주석휘편(漢書藝文志注釋彙編)> (木鐸出版社, 臺北, 1983), 영목유차랑(鈴木由次朗)의 <한서예문지(漢書藝文志)> (明德出版社, 東京, 1968)를 주로 참고하였다. 참고문헌의 주석에 보이는 원문은 가급적 원전을 직접 확인하려고 최대한 노력하였지만, 부득이 그렇지 못한 부분도 있고, 또한 학문적 한계로 인한 오독도 있을는지 모른다. 이 점에 대해서는 사계 제현의 아낌없는 질정을 바랄 뿐이다.

이 책은 '중국고전문학이론독회' 회원들의 발표와 토론을 바탕으로 하고 있다. 역저자들 이외에도 이금순, 김명희, 이희경, 손완이, 신하영 선생 등이 발표에 적극 참여하였다. 특히 일본어 자료를 도맡아 주신 신하영 선생은 학습에 큰 힘이 되었다. 여러 발표자들의 초고에는 각자의 학문적 성향과 관점이 곳곳에 배어있었지만, 집필 과정에서 체제와 문투를 통일시키는 한편 최대한 객관성을 유지하고자 하였다. 그럼에도 불구하고 미흡한 점이 있다면 모두 역저자들의 책임이다. 출판에 앞서 모든 회원들에게 고마움을 전한다. 아울러 이 책의 출간이 향후 본 독회 활성화의 계기가 되기를 기대한다.

끝으로 이 책이 세상에 나올 수 있도록 도움을 준 전남대학교와 전남대학교출판문화원에 깊은 사의를 표한다.

2005년 8월

21 코스

영덕해맞이공원 ↔ 축산항

영덕해맞이공원 ⇌ 2.1km ⇋ 오보해변 ⇌ 6.8km ⇋ 경정리대게탑 ⇌ 2.7km ⇋ 죽도산 전망대 ⇌ 1.2km ⇋ 축산항 총거리 12.8km

솔잎 양탄자 오솔길

길가 들꽃

어촌 마을

세월의 절차탁마

축산항 가는 길

이번 코스는 아름답기로 손꼽히는 곳이라고 한다. 명성답게 작은 숲길과 끝없는 해안이 어우러져, 한적하면서도 쾌적한 느낌을 준다. 걷기에 안성맞춤이다. 특히 해안가 소나무 사이로 난 길이 압권이다. 솔바람 소리는 파도소리와 하모니를 이루고, 여기저기 피어 있는 야생화는 푸른 물빛에 비추어 더욱 선명하다. 거기에다 길 위에는 솔잎이 수북이 싸여 양탄자를 걷는 듯 푹신푹신하다. 잊을만 하면 등장하는 어촌마을, 내 눈에는 이곳이 바로 무릉도원으로 보인다. 하룻밤 묵어가고 싶은 마음이 절로 인다. 끝없이 이어지는 해안이지만 결코 같은 모습이 하나도 없다. 문뜩 저 아래를 내려다보니 둥글둥글한 돌들이 지천이다. 얼마나 오랜 세월 닳아지고 갈리고 했을까? 저런 것을 두고 '절차탁마切磋琢磨'라고 하는 것이겠지.

"울퉁불퉁한 나의 모남은 언제나 저리 될꼬?"

중국 속담에 "끝나지 않는 잔치는 없다."라는 말이 있다. 아무리 아름다운 것도 물리고 시큰둥해지나 보다. 서서히 물리고, 지쳐서 주저앉고 싶을 무렵, 핸드폰이 울려댄다. 친구들의 격려 메시지이다.

"힘내라. 힘내. 축 완주. 파이팅!"

힘이 솟아, 발걸음을 재촉한다. 지루하던 길이 다시 아기자기한 숲길과 시원한 해안길로 바뀐다. 얼마 뒤 갑자기 확 트인 모래사장이 펼쳐진다. 또 그 끝자락에 죽도산과 전망대가 보인다. 이번 코스의 종점인 축산항이다.

목이 마르다. 어서 가서 시원한 막걸리를 한 사발 들이켰으면 좋겠다.

• 동천과 춘정

만약 직장 동료가 제2의 가족이라고 한다면 나는 누구보다도 복이 많음에 틀림없다. 선임 교수 모두가 훌륭한 분이었기 때문이다. 특히 애주가의 입장에서 보면 나는 더 행운아이다. 전 대학 내에서 약주 '잘'하기로 손꼽히는 분을 둘이나 함께 하였으니 말이다.

"술 있는 지옥과 술 없는 천당이 있다면 지옥을 택하겠다."

라고 동천 선생님은 호언하셨다. 춘정 선생님은 이렇게 말씀하셨다.

"술은 하늘이 주신 귀한 음식이니, 맛나게 마셔야 옳지."

라고 하면서 얼굴이 환해지셨다. 선친께서 허여하신 애주가인 나로서는 좌청룡 우백호가 아닐 수 없다.

퇴근길, 어느 한 분이 눈짓을 보내면 우리 '식구'들은 의례 정해진 퇴근 버스를 탔다. 하차할 곳과 찾아가는 곳은 불문가지! 빈대떡과 막걸리로 초저녁에 시작한 자리는 새벽까지 이어지기 일쑤였다. 술 때문인지 말 때문인지, 우리 '식구'의 자리가 끝나야 주막집도 문을 닫았다. "그대와의 대화 한 자리, 십 년 독서보다 낫구려."라는 말처럼, 단순한 '술'자리가 아니었다. 엄연한 '학술' 자리였다. 예컨대, 하루는 교양 한문 교재에 실린 임제(林悌) <무어별(無語別)>을 안주 삼았다.

열다섯 살 시냇가의 저 아가씨는	十五越溪女
남부끄러 말 못하고 헤어지고선	羞人無語別
돌아와서 겹대문을 닫아건 뒤에	歸來掩重門
배꽃 비친 달 보면서 눈물 흘리네	泣向梨花月

한국고전종합DB <해동역사(海東繹史)> 제48권 한치윤 역

이리 뜯고 저리 뜯었는데, 중점은 제1구 "월계녀(越溪女)"였다. "시냇가의 저 아가씨", "월계의 여인", "월나라 개울에서 빨래하던 서시(西施)처럼 고운 처녀" 등등 기존 해석으로는 시의 맛을 느낄 수가 없었던 것이다. 우리의 결론은 글자 그대로 "시내를 건너갔던 새색시"였다. 멀리 길 떠나는 서방님을 전송하는 어린 새댁, 시집 식구들의 눈치를 보느라 아무 말도 못하고 따라나섰다. 조심조심 시내를 넘어 동구 밖까지 전송을 나갔다. 큰 용기를 낸 것이리라. 당부의 인사를 드리려는 찰라, 행인이 지나가니 또 부끄러워 말을 하지 못하고 말았다. 그러니 속이 상해 돌아와 혼자 울먹일 수밖에 … 얼마나 생생한가? 순박한 시골 새색시의 모습이 눈앞에 선연하다.

두 분은 애주가라는 점에서는 마치 한 몸 같지만, 성품은 하늘과 땅처럼 판이했다. 가령 그 날 안주가 좀 짤 경우, 동천 선생님은

"짜! 못 먹겠어."

라고 딱 부러지게 지적 히는 반면, 춘정 선생님은

"짭조름하게 맛있네."

라고 에둘렀다. 반대인 경우,

"삼삼하게 맛있네."

라고 역시 에둘렀다. 동천 선생님이 '천(泉)'처럼 냉철하시다면, 춘정 선생님은 '춘(春)'처럼 온화하셨다. 한 분이 시비를 뚜렷이 가리시면, 한 분은 감싸셨다. '나눔'과 '합침'이 또 하나의 안주가 되었다. 나는 '나눔'과 '합침'의 미덕을 동시에 만끽했다. 그러니 두 분과의 술자리가 좌청룡 우백호가 아니겠는가? 나는 늘 명당자리에서 청복(淸福)을 누렸다.

좌청룡 우백호

22 코스

축산항 ↔ 고래불해변

축산항 ⇌ 2.2km ⇋ 대소산봉수대 ⇌ 5.9km ⇋ 괴시리전통마을 ⇌ 2.4km ⇋ 대진항 ⇌ 5.8km ⇋ 고래불해변 총거리 16.3km

괴시리 마을 벽화

전통가옥과 마당

전통가옥과 담장

고래 형상의 전망대

고래불 설명문

최고의 백반

축산항에 도착하니 점심시간이 넘었다. 뱃속이 아우성이다. 이왕이면 다홍치마! 수소문하여 현지 주민이 즐겨간다는 식당을 찾았다. 허름하고 작은 집에 메뉴는 딱 하나뿐이다. 백반, 1인분 8,000원. 혼자인데도 가능하냐고 물었다.

"당연히 가능하죠."

괜한 것을 왜 묻느냐는 눈치지만, 실은 문전 박대를 한두 번 받은 게 아니었다. 2인 분을 주문하라는 곳도 있었고, 밥이 떨어졌다고 옹색한 변명을 하는 식당도 여럿이었다. 허겁지겁 먹었다. 시장이 반찬인 탓만은 아니었다. 투박하지만 정갈하고 맛있는 음식이었다. 이번 여행길에서 가장 맛있는, 집 밥 같은 밥이었다.

고려 말 대학자 목은(牧隱) 이색(李穡)의 탄생지이자, 조선시대 전통가옥들이 잘 보존되어 있다는 괴시리전통마을을 찾았다. 빼곡히 열려 있는 대문, 여러 가지 꽃들이 한창인 정원, 전통이 여전히 숨 쉬고 있는 살림 공간이어서 푸근하다. 툇마루에 앉아 쉬어가면 좋으련만, 아무 인기척이 없다. 잘 가꾸어진 정갈한 담장을 따라 마을을 둘러보고 다시 해안을 향했다.

대진항을 거쳐 고래불해변으로 가는 길은 찻길이었다. 2시간 남짓 찻길을 걷는데 줄곧 해송 숲이 펼쳐졌다. 숲 너머에 바다가 있겠지. 그 중간에는 아마도 군부대가 있는가 보다. 그건 그렇다 치고, '고래불'이 뭐지? 궁금하던 참에 길가에 '고래불'의 유래를 적어 놓은 돌이 보인다. 역시 목은 이색과 연관된 것이었다. 목은 선생이

어렸을 때 산 위에 올라 동해 바다를 보는데, 물을 뿜고 있는 고래를 보고 '고래뿔'이라고 한 데서 유래하였다고 한다. 아무튼 궁금증이 풀렸다. 고래불해변에 도착하니 커다란 전망대가 나를 맞는다. 역시 고래 형상이다. 불쑥 솟구쳐 수평선 너머를 바라보고 있다.

• 중국문화기행

유달리 선비를 좋아하셨던 장인께서 어느 날 제안을 하셨다. 우리 지역 문화예술 잡지에 글을 정기적으로 실어보라는 말씀이셨다. 그 의중을 알기에 서툰 글 솜씨나마 최선을 다해 열심히 썼다. 물론 중국문화에 관한 내용이었다. 그것들이 책 한 권의 분량이 되었다. 서문을 쓰면서 책을 다시 훑어보았다. 나의 첫 잡문집이어서 신경이 많이 쓰였다.

중국문화기행

황해도 장산곶에서는 이른 아침이면 중국 산둥(山東) 반도로부터 닭 울음소리가 들려온다. 또 산둥성에 자리한 태산(泰山)을 맑은 날에 오르면 우리나라 서해안이 보인다고 한다. 그만큼 두 나라의 관계는 가까웠고 또 앞으로도 가까울 수밖에 없음을 강조한 말이다. 비록 이데올로기로 동서가 대립하던 시절 우리와 중국은 남남이었지만, 그것은 서로 원치 않는 짧은 단절에 불과하였다.

올해는 한·중 수교 10주년이 되는 해이다. 중국어에 "작은 이별은 신혼보다 낫다(小別勝新婚)"라는 말이 있다. 이를 입증이나 하려는 듯이 최근 들어 중국에서는 이른바 한류(韓流)가 유행하고, 우리나라에서도 중국에 관한 관심이 날로 고조되면서 관련 정보가 쏟아지고 있다. 중국학을 전공하는 한 사람으로서 우선 반가운 일이나, 한편으로는 이러한 정보가 피상적인 체험담이나 여행기 수준에 머무는 경우가 많다는 아쉬움을 떨칠 수 없다. 더욱 우려되는 것은, "중국은 아직 멀었어!"하는 식으로 그들의 부정적인 면을 굳이 부각시키면서 섣부른 우월론(優越論)을 펼치려는 의도마저 도사리고 있다는 점이다.

겉모습만을 두고 왈가왈부하는 것은 아무런 보탬이 되지 않는다. 예컨대 "중국 사람은 느리다."라는 말을 흔히 한다. 하지만 느리다는 현상의 이면을 꿰뚫어보지 못한다면 별무신통(別無神通)이다. 여기서 정말로 중요한 것은 그 느림의 역사성을 파악하는 일이다. 왜냐하면 중국인의 그러한 특성은 어느 날 갑자기 생긴 것이 아니라 오랜 세월 누적되어 온 전통 의식의 한 단면이기 때문이다. 따라서 중국인이 '왜' 느리게 되었고 또 그것이 역사적으로 '어떻게' 기능하였는지를 규명하는 것이야말로 우리가 해야 할 진정한 몫이라 하겠다. 요컨대 지금의 중국과 중국인의 모습에 '왜'라는 질문을 던지고, 그들의 문학과 철학을 통하여 이에 답하자는 게 이 책의 주요 내용이자 목표이다.

이 책은 <금호문화>라는 잡지에 '중국탐구'이라는 이름으로 1년 남짓 연재하였던 글을 모태로 하고 있는데, 모두 장인 어른의 추천과 격려에서 비롯되었다. 이 자리를 빌려 기회를 마련해 주신 장인 어른과 귀한 지면을 할애해 주었던 금호문화재단에 깊은 감사의 마음을 표한다. 매번 글을 쓸 때마다 첫 번째 독자로서 아낌없는 조언을 개진해준 아내와 예쁘게 자라주는 두 딸, 그리고 노심초사 자식 걱정이신 부모님은 언제나 나의 든든한 힘이다. 끝으로 엉성한 글을 꼼꼼한 교정과 편집으로 조촐한 책으로 엮어 준 예문서원 관계자에 대한 고마움을 잊을 수 없다.

2002년 여름

23 코스

고래불해변 ↔ 후포항

고래불해변 ⇌ 1.1km ⇋ 병곡휴게소 ⇌ 3.7km ⇋ 금곡교 ⇌ 3.9km ⇋ 백암휴게소 ⇌ 3.2km ⇋ 후포항 총거리 11.9km

고래 조형물

넓은 바다

맑은 공기

여전히 발이 불편하다. 일정도 여유가 없다. 오늘은 겸사겸사하여 버스를 타기로 했다. 이른 아침 버스를 탔다. 20분 만에 후포항에 도착했다. 걸으면 서너 시간 거리인데, 일부러 걷고 있는 나 자신이 언뜻 우스꽝스러워졌다.

후포항이라도 차분히 둘러볼 작정이었다. 역시 대형 고래 조형물이 서 있고, 바다 역시 드넓고 푸르다. 이 때 다음 목적지를 향하는 버스가 들어오더니 재촉한다. 잠시 망설이다 올라탔다.

선포: 대게 원조 마을

"최대한 발을 쉬게 해주자. 오늘 하루 동안."

이제 영덕을 떠나는 길이다. '맑은 공기 특별시 영덕'이라는 구호가 인상적이었다. 대게 선전에 식상했던 기분을 씻어주는 듯했다. 그런데 또 대게의 원조임을 선언하는 돌탑이 길가에 우뚝 서있다. 대게에게 너희 집이 어디냐고 물으면 저 드넓은 동해 바다를 가리킬 터인데, 하필 영덕이랴!

• 연변대전

J총장 때의 일이었다. 중국 동북 지역에 있는 자매대학을 방문하고 있는 참이었다. 마지막 목적지로 연변 조선족 자치주에 있는 연변대학을 찾았다. 참으로 미묘했다. 중국인가? 북한인가? 최소한 남한과는 사뭇 다른 분위기였다.

국경선: 북한과 중국

저녁 환영 만찬 자리였다. 연변대학 외사처장(우리의 국제협력본부장에 해당)이 호스트였다. 격에 걸맞지 않는 느낌인데다가, 신분이 분명치 않은 건장한 사내를 대동하고 있어 처음부터 편치 않았다. 격식을 갖춘 의례적인 인사말이 끝날 무렵, 외사처장이 일어나 건배를 제안하였다.

"양국과 양교의 우의를 위하여 건배합시다."

술잔에 백주를 가득 붓더니 '원샷'을 강요했다. 자신이 마시는 게 아니라, 대동한 인사가 대신 마신단다. 이른바 '술 상무'인가 보다. 더 가관이다. 우리 쪽 J총장은 물론이고 배석한 P처장 역시 평소 술과는 거리가 멀었다. 체질적으로 술이 맞지 않는 분들이었다. 그런데 기어이 '원샷'을 강요해 댔다. 두 분의 표정이 일그러지는데도 아랑곳하지 않았다.

"이런 고얀 사람들 같으니!"

불끈 치밀어 올랐다. 나는 애주가이지만 결코 남에게 술을 강요한 적이 한 번도 없다. 할 수 없이 나섰다.

"그럼 우리 쪽을 대표해서 제가 건배하겠습니다. 어차피 그쪽도 대신이니까."

작은 잔을 치우고 맥주 컵에 백주를 가득 따랐다.

"자, 원샷!"

순간 연변대학 쪽이 당황스러워 했지만, '술 상무'가 할 수 없이 나를 따라 들이켰다.

"첫 잔은 양국의 우의를 위함이요, 다음 잔은 양교의 협력을 위해서 건배! 원샷!"

다시 한 가득 부은 맥주잔을 단숨에 비웠다.

"한국에서는 절대로 짝수로 술을 마시지 않습니다. 세 잔은 마셔야지요. 인류의 평화를 위하여 건배! 원샷!"

분위기가 썰렁해졌다. 나는 기실 일전을 불사할 각오였다.

"아이고, 죄송합니다. 다시는 무례하게 굴지 않겠습니다."

이 날 이후, 회식 자리에서 술이 아예 사라졌다. 다시는 강요하지 않았다. 나는 이를 '연변대전'이라고 명명했다. "술을 너무 많이 마시지 말거라"는 아버지의 당부를 어긴 이유를 해명하고자 함이었다.

다음 날 북한과 중국을 가르는 국경선을 시찰했다. 한반도가 손에 잡힐 듯 건너다보이는 두만강 가였다. 분단 현실을 아무렇지 않게 관광자원인 양 떠들어대는 조선족 가이드의 말을 듣고 있노라니, 가뜩이나 거북스러운 속이 아예 뒤집히는 듯하였다. 조선족의 정체성이 알쏭달쏭하였다.

24 코스

후포항 ↔ 기성버스터미널

후포항 ⇌ 0.5km ⇋ 등기산공원 ⇌ 2.9km ⇋ 울진대게유래비 ⇌ 6.0km ⇋ 월송정 ⇌ 2.3km ⇋ 대풍헌 ⇌ 6.4km ⇋ 기성버스터미널 총거리 18.1km

후포항과 버스정류장

대게 조형물

대게 조형물과 후포항 버스정류장을 뒤로 하고 버스가 출발했다. 역시 산길을 달리는데, 승객 대부분이 할머니들이다. 큰 목소리로 기사와 친근하게 대화를 주고받는데, 무슨 말인지 알아들을 수가 없다. 외국어가 따로 없다. 마치 내가 외국에라도 온 듯하다. 무슨 말인지 모르지만 정겨운 느낌이 드는 것은 왜지? 빙긋 웃으면서 나는 살짝 졸았다. 눈을 떴더니 느낌이 수상하다. 하차 예정지를 훌쩍 넘었던 것이다. 반 정도 버스를 타고 반 정도는 걸을 예정으로, 분명 기사님에게 내릴 곳을 알려 달라고 부탁해 두었는데…. 내 말도 기사에겐 외국어로 들렸나 보다. 허겁지겁 내렸다. 태국 치앙마이에서 짧은 태국어 실력으로 좌충우돌하였던 기억이 되살아났다.

• 치앙마이 변(辯)

치앙마이 도이수텝 사원

이른바 환갑이 되던 해 운이 좋게 연구년의 기회가 주어졌다. 먼저 세계적으로 저명한 스페인의 산띠아고 까미노를 걸으면서 짧게나마 유럽을 몸으로 느껴봤다. 이어서 나는 '아시아'에 대한 이해를 넓히기 위해 방문학자의 자격으로 태국 치앙마이대학을 찾았다. 스페인과 태국을 사례로 삼아 유럽과 아시아를 견주어 보고 싶었던 것이다. 스페인의 성당과 태국의 사원의 모습이 크게 다르듯이, 전자의 '열정'과 후자의 '사바이'도 크게 달랐다. 그런데 놀랍게도 스페인어와 태국어가 너무나 닮은 구석이 있었다. 우리말과 비교할 때 그것은 더욱 극명하게 드러났다. 뭔가 새로운 것을 발견한 듯 기뻐하고 있던 참에 내가 복무하고 있는 대학으로 연락이 왔다. 대학 소식지에 칼럼을 써달라는 요청이었다.

대학 교수가 누리는 특권 중의 하나가 안식년 또는 연구년이다. 올해 나는 누구보다도 그 특권을 톡톡히 누리고 있다. 봄철 한 달은 스페인의 산띠아고 순례길 800km를 '열정'으로 걸었고, 지금은 태국 치앙마이에서 '사바이'하게 즐기고 있으니 말이다. '사바이(สบาย)'는 태국 사람들이 가장 즐겨 쓰는 말로, 편안하다, 안락하다, 용이하다 등등의 뜻을 갖고 있다. 어쩌면 그들을 사바이 민족이라 불러야 좋을지 모른다. 흔히 열정으로 상징되는 스페인과 대척을 이루고 있다.

"국내 연구년이나요? 해외 연구년이나요?"

"해외 연구년입니다."

"어디로 가나요?"

"치앙마이입니다."

"태국 치앙마이요? 연구년이 아니고 안식년인가요?"

이곳 치앙마이로 오려고 준비하고 있을 때, 자주 받던 질문이다. 스페인도 태국도 다 나의 '연구'와 전혀 무관하다. 최소한 외형적으로는 그렇다. 연구가 아니라면 '안식', 쉽게 말해 '놀기' 위해 가는 것이냐는 힐책이리라. 맞다. 나는 놀러 왔다. 인문학의 위기인지 인문학의 전성기인지 종잡을 수 없는 요즘, 나는 한가롭게 '안식'을 취하러 왔다.

우리 인문대학에 대형 현수막이 걸려 있다.

"인문학이 답이다."

그 문구를 보던 첫 날 나는 심한 자괴감을 느꼈다. '중국'과 '문학'이라는 울타리에 안주하여 온, '전문바보'인 나로서는 도저히 감당할 수 없는 선언이었기 때문이다. 우리의 사회와 역사가 제기하고 있는 요구와 질문에 남과 달리 나는 그렇게 답할 자신이 없었던 것이다. 동과 서, 고와 금을 좌표로 삼아, 문(文)·사(史)·철(哲)을 넘나들어야 비로소 인간다운(人) 무늬(文), 즉 인문이 보인다는 사실이 나에게는 공염불이었나 싶다.

"마음으로 봐야 분명히 보여. 정말 중요한 것은 눈에 보이지 않거든."

<어린 왕자>에서 여우가 어린 왕자에게 들려주었던 삶의 비밀이다. 그렇다. 마음으로 보아야 제대로 보이는 중요한 '어떤 것', 그것이야말로 진정 인문학의 궁극이리라. 인문학은 자유로워야 한다고 흔히 말하는 이유가 여기에 있을 터이다.

치앙마이에서 나는 잠시 '중국'과 '문학'이란 울타리를 무시하기로 했다. 그저 소일(消日) 삼아 태국어나 배우면서 노닐어볼 작정이다. 태국어는 참 신기한 언어다. 어형이 변하지 않는 단음절(單音節)적 고립어(孤立語)라는 점과 다섯 성조가 있다는 점은 중국어와 매우 흡사하다. 그러나 수식어가 대부분 명사 뒤에 오기에 "예쁜 여자"라 하지 않고 "여자 예쁜"이라 하는 점은 스페인어나 프랑스에 가깝지 중국어와는 판연히 다르다. 동쪽 중국어와 서쪽 스페인어의 중간쯤에 태국어가 있는 듯하다. 이렇게 맘대로 추론하면서 '노닐다' 보면 어쩌면 중요한 '어떤 것'이 마음속에 나타날지 모르겠다.

나는 지금 나의 전공과 전혀 무관한 '태국'과 '스페인' 사이에서 노닐고 있다. 스페인의 '열정'과 태국의 '사바이'가 만나는 점은 없을까? 고금의 동서가 만나는 그 지점에 인문학의 '답'이 있을 듯싶다. 이렇게 유유자적하면서 그 '답'을 찾을 수만 있다면 '안식'이 바로 '연구'가 될 수 있으련만.

위 여우의 명언을 태국어는 이렇게 옮기고 있다. 태국어의 특성을 맛보도록, 우리말 독음을 달고, 어순이 흡사한 영어로 단어의 뜻을 표기한다.

เรา(라오, we) จะ(자, will) มองเห็น(몽헨, see) แจ่มชัด(잼찻, clearly) ด้วย(두어이, with) หัวใจ(후아자이, hearts) เท่านั้น(타오난, only) สิ่ง(승, that is) สำคัญ(삼칸, importance) นั้น(난, that) ไม่(마이, not) อาจ(앗, maybe) เห็น(헨, see) ได้(다이, can) ด้วย(두어이, with) ดวงตา(두엉따, eyes)

다음은 띄어쓰기나 문장 부호가 없는 태국어의 본 모습대로 적은 것이다.

เราจะมองเห็นแจ่มชัดด้วยหัวใจเท่านั้น สิ่งสำคัญนั้นไม่อาจเห็นได้ด้วยดวงตา

(인문대학 소식지 2017년 제2호)

25 코스

기성버스터미널 ↔ 수산교

기성버스터미널 ⇄ 6.0km ⇆ 기성망양해변 ⇄ 3.8km ⇆ 망양휴게소 ⇄ 11.8km ⇆ 망양정 ⇄ 1.7km ⇆ 수산교 총거리 23.3km

오징어 길

해변 지킴이

부랴부랴 버스에서 내렸다. 해안길을 온통 '오징어'가 차지하고 있다. 조형뿐만이 아니라 여기저기 길가 가게에서 오징어를 판다. 간식이라도 해볼까? 그런데 전혀 싸지가 않다. 우리 동네 편의점보다 더 비싼 느낌이다.

"에이 이것도 기념인데 하나 사보지."

'에이'로 시작한 일은 대개 그 결과도 아쉽기 마련이다. 맛도 기대 이하이다. 확 버려버릴까 하다가 비상식량으로 비축해 두기로 했다.

다시 걸었다. 멀리 바닷가에서 누군가가 무언가를 열심히 줍고 있다. 호기심이 발동하여 서둘러 다가갔더니 마을 주민 한 분이 쓰레기를 치우고 있었다. 이제야 제대로 알게 되었다. 어쩐지 바닷가가 깨끗하더라니까? 숨은 일꾼이 있다는 사실을 알고 보니 해변이 유달리 말쑥하게 보인다. 물개 형상의 바위는 당장 물로 풍덩 뛰어들 것만 같다.

정갈한 해변

행인 쉼터 교회

얼마쯤 걸었을까? 어디 잠시 쉴 곳이 없나 하던 참에 도로 건너편에 아담한 교회가 반긴다. 건물 옆 벤치에 조심스레 앉았더니 두 부인이 반갑게 맞는다. 차나 음료수를 대접하겠다고 한다. 쉬어가는 것만으로도 고마운데 말이다. 해파랑길을 걷는 사람들을 위한 작은 휴식 공간이라고 하니 고마울 뿐이다. 몇 년 전 걸었던 스페인의 산띠아고 순례길이 생각났다. 800km 내내 크고 작은 종교 시설들이 제공하였던 편의에 대한 고마움을 나는 잊지 않고 있다.

또 얼마나 걸었을까? 카페로 보이는 건물 입구에 'Buen Camio'라는 글씨가 인사를 건네 온다. '부엔 까미노'는 산띠아고 순례길에서 통용되는 인사말이다. "좋은 여행 되세요." 정도의 의미이다.

물개 바위

부엔 까미노

• 산띠아고 까미노

산띠아고 까미노

내가 태어났던 해의 갑자가 다시 돌아왔다. 속칭 회갑이다. 때마침 연구년으로 강의의 의무에서 잠시 벗어나게 되었다. 터닝 포인트 같은 무언가를 하고 싶었다. 그래서 결정한 것 산띠아고 800km 걷기! 중국, 좀 넓혀서 아시아를 연구하는 인문학자로서 자신이 몸담고 있는 지역의 모습을 비춰 볼 '거울'이 필요했다. 나의 심장병 주치의의 엄중한 경고를 어기고, 26일 동안에 796km를 완주했다. 당연히 숨이 가팠다. 그만큼 뭔가 새로운 느낌과 상념도 벅차게 밀려왔다. 그 벅참을 책으로 내며 이렇게 서문을 적었다.

망설였다. 굳이 사적인 기행을 책으로까지 내야하나 싶어서였다. 결국 쓰기로 했다. 까미노에서의 만남을 잊지 않기 위해서이다. 또

한 그 만남들이 가져다 준 상념을 기억하고 싶기 때문이다. 무엇보다도 혼자 가슴에 품고 있기에 벅찼다.

까미노(camino)는 스페인어로 길이라는 뜻을 가진 보통명사이다. 그렇지만 산띠아고를 순례하는 사람들은 '산띠아고 순례길'을 오롯이 가리키는 고유명사로 여긴다. 그래서 이 길 위에서는 인사도 '부엔(buen) 까미노'라고 한다. 까미노는 내게 만남의 길이자 상념의 길이었다. 만남은 상념으로 이어지고, 상념의 뒷자락에는 늘 새로운 만남이 기다리고 있었다. 만남은 일기처럼 기록하고, 상념은 수필처럼 적었다. 고마운 만남을 오래 기억하고 싶어 썼고, 이로 인한 상념을 간직하기 위해 썼다.

이 책은 여행 정보나 지식을 전달하는 것을 목표로 하지 않는다. 그렇다고 거창하게 동양학을 논한 것도 물론 아니다. 굳이 말하자면 평소 갖고 있던 동양학적 지식과 사유를 대중적으로 풀어쓴, 인문학적 잡문이라고 해두면 될 듯하다.

만남과 상념을 소중히 여기는 이들에게 이 책을 권하고 싶다. 특히 걷기를 좋아하는 사람에게 간절한 마음으로 이 책을 바치고 싶다. 꼭 함께 걷고 싶은 길(S25)이 하나 있기 때문이다.

(2017년이 저물어가는 치앙마이에서 행인 양회석)

"꼭 함께 걷고 싶은 길"에 대해 나는 책 본문에 이렇게 썼었다.

그래 걷는 거야. 통일이 되면 걷는 게 아니라 통일이 되도록 걷는 거야. 남에서 북으로, 북에서 남으로 걷다보면, 끊긴 길이 다시 이어지고, 그 길은 새 역사를 열 터이니 말이다.

26 코스

수산교 ↔ 죽변항입구

수산교 ⇄ 1.2km ⇆ 울진엑스포공원 ⇄ 3.8km ⇆ 연호공원 ⇄ 6.8km ⇆ 봉평해변 ⇄ 1.3km ⇆ 죽변항입구 총거리 13.1km

국토 순례자

대나무+게=대게

해파랑길은 770km이고, 산띠아고 순례길은 796km이다. 거리로 보면 얼추 비슷하다. 그러나 걷는 사람의 규모는 비교가 되지 않는다. 자연경관은 결코 뒤지지 않지만, 역사적 배경의 깊이가 다르기 때문일 것이다. 아무튼 해파랑길 전 코스에 특별한 의미를 부여하

삼발이

며 '정성껏' '진지하게' 걷는 이를 나는 이번 여정에서 만난 적이 거의 없었다. 그런데 수산교 어느 버스 정류장을 지나가는데 한 남자가 손짓을 한다. 배낭보따리가 내 것보다 훨씬 크다. 첫 눈에 봐도 범상한 모습이 아니다. 한번 들으면 절대로 잊어버릴 수 없을 거라고 자신을 소개한다. 성은 궁(弓)으로 희성인데다가 이름이 세균(世均)이라는데, 혼자 해파랑길을 비박하면서 걷고 있다고 한다. 부산에서 올라오는 나와 반대로 위에서 부산으로 향하고 있으며, 최종 목표는 '코리아 둘레길' 전체를 한 바퀴 다 도는 것이라고 첨언한다. 피차 완주를 축원하며 파이팅을 외치고 헤어졌다.

울진에서도 대게 선전은 그치지 않는다. 아니 더 심해진 것 같다. 대게의 원조가 바로 울진이라는 주장이다. 사실 나로서는 별 관심이 없다. 드넓은 동해, 도처에서 잡힐 터인데, 원조가 어디 따로 있으랴 싶다. 대나무 + 게 = 대게! 거대한 조형물을 보며 나는 실소를 금지 못했다.

첫날 부산 시내 구간을 통과할 때, '테트라포드 낚시 금지'라는 경고문을 자주 보았었다. 테트라포드가 무엇이지? 궁금증은 한참동안 계속되었다. 어디서부터인지 기억나지 않지만, '삼발이'라는 용어가 대신 눈에 띄기 시작했다. 나는 직감적으로 그것들이 동일 물건임을 알았다. 그런데 왜 '삼발이'지? 테트라(Tetra)는 넷(四)이고 포드(pode)은 발(足)이니까 '사발이'라고 해야 할 텐데. 아무튼 동해의 해안을 지키고 있는 것은 삼발이였다. 눈에 잘 띄는 방파제부터 물 속에 잠겨 보이지 않는 잠제(潛堤)까지 그것은 실로 큰 역할을 하고 있었다. 삼발이로 잠제를 만들고 있는 현장을 지나면서 묘한 생각이 떠올랐다. 저 거대한 바다에 삼발이를 넣어 숨은 방파제를

잠제

만들려고 하다니!

"현대판 '정위전해(精衛塡海)'이구나."

• 정위전해

정위전해(精衛塡海)는 널리 알려진 중국의 신화이다. '정위'는 작은 새 이름이고, '전'은 충전(充塡), 즉 채워 메운다는 뜻이다. 전체적으로 "정위가 바다를 메우다"는 의미인데, 기서(奇書)인 <산해경(山海經)> <북산경(북산경)> 편에 다음과 같이 기록되어 있다.

돌을 문 작은 새, 정위

출처: <산해경 캐릭터 도감>

> 발구산(發鳩山)이 있는데, 그 위에는 뽕나무가 많다. 여기에 새가 살고 있는데, 전체적인 모습은 까마귀와 같은데, 무늬 있는 대

> 가리에 흰 부리 그리고 붉은 발이다. 이름을 정위라 하는데, 그것이 지저귀며 정위라는 소리를 내기 때문이다. 이것은 원래 염제(炎帝)의 막내딸로 여왜(女娃)라 불렸었다. 여왜가 동해에서 놀다가 물에 빠져 돌아오지 못하게 되어서 그리하여 정위가 되었다. 언제나 서산(西山)의 나무토막과 돌을 물고 와서 동해를 메우고 있다.

작은 새가 나무토막과 돌을 물어다가 큰 바다를 메운다니! 신화다운 이야기이다. 아무튼 정위의 행위는 숭고한가? 무모한가? 어느 해석도 가능할 터이지만, 대체로 중국에서는 불굴의 의지를 나타내는 긍정적인 의미로 쓰이는 반면, 우리나라에서는 무모한 일을 기도하여 헛수고로 끝난다는 부정적인 의미로 쓰인다. 같은 이야기가 거의 상반되는 함의를 갖고 있어 흥미롭다. 그만큼 인간의 인식은 다양할 수 있다는 의미이니, 그저 다르려니 하고 구태여 누가 맞고 누가 틀리다고 가릴 필요 없으리라.

27 코스

죽변항입구 ↔ 부구삼거리

죽변항입구 ⇄ 2.1km ⇆ 죽변등대 ⇄ 6.6km ⇆ 옥계서원유허비각 ⇄ 2.7km ⇆ 부구삼거리 총거리 11.4km

죽변항

군부대 담장과 화분

주민이 가꾼 화분

원자력발전소 입구

죽변항에 도착했다. 항구를 둘러보는데, 해파랑길 표지가 없다. 대신 "죽변항에 잘 왔니더"라는 대형 간판이 맞는다. 아마도 "죽변항에 잘 오셨습니다."라는 의미겠지 라고 짐작한 뒤, 주변을 둘러보았다.

"아참! 안내 책자에 이르기를, 죽변항 '입구'였지."

다시 오던 길을 되짚어 걸었다. 가려진 한쪽 바다에 커다란 군함이 서있고, 바닷가 쪽으로 길게 철책 친 담장이 늘어서 있다. 해군부대였다. 순간 알아차렸다. 27코스의 종점이 죽변항'입구'인 이유를. 원래 보안상 외부출입을 통제하고 있었던 모양이다. '사진촬영금지'라는 팻말이 나를 움찔하게 만든다. 이 때 담장 따라 늘어선 화분이 눈길을 끈다. 각양각색의 화분들! 인근 마을 주민들이 조성한 것이라고 한다. 경직된 마음이 사뭇 풀린다.

서낭당과 신목

서둘러 지나왔던 항구 입구 마을인 후정리로 되돌아 나왔다. 천연기념물로 지정된 향나무가 버팀목 덕분에 당당하고 웅장한 자태를 자랑한다. 옆에는 서낭당이 서있다. 직감적으로 향나무가 바로 신목(神木)임을 알겠다. 수령이 500년 정도라고 하니 경건한 마음마저 든다. 서낭당 덕분에 거목이 된 것인지, 이 거목인 향나무 덕분에 서낭당이 영험한지 궁금하다.

다시 버스를 탔다. 맑은 공기는커녕 도로변 분진과 자동차 매연을 마셔가며 걸었다는 선행자의 경험담이 생각났기 때문이다. 역시 원자력발전소가 바닷가를 점거하고 있기에 해파랑길이 우회하는 것이었다. 어쨌든 먼지와 매연은 담배 연기를 연상시키고, 담배 연기는 아버님을 앗아간 병마를 연상시키니, 더욱 싫다.

• 금슬

술 못지않게 담배도 즐기셨던 아버지는 불행하게도 후두에 암이 생기고 말았다. 두 차례에 걸친 대수술도 보람 없이 호스피스 병동에서 겨우 숨을 잇고 계셨다. 보름 남짓 의식이 혼미한 상태가 지속되었지만 그날은 좀 달랐다. 한밤중에 몸을 살짝 움직이더니 말씀을 하고 싶으신 듯하였다. 여의치 않으신지 표정이 약간 굳어졌다. 얼른 아버지 손을 잡고 귀에 대고 속삭였다.

"어머님을 잘 모시겠습니다. 형제간에 우애하고 열심히 살겠습니다. 안심하시고 …"

그러자 아버지는 살포시 미소를 지으시더니 손에 힘을 빼셨다. 너무나 아름답고 평온한 미소였다. 가시는 순간까지 당신은 어머니와 자식을 걱정하셨던 모양이다.

"이렇게 평온하게 가신 분은 처음 봅니다."

여러 호스피스 관계자들의 이구동성이었다. 인사치레가 아니었다. 실제로 아버지는 암 말기의 고통을 표출하지 않으셨다. 이 또한 어머니와 자식에 대한 당신의 깊은 배려였으리라.

수술을 앞두고서도 아버지는 어머니 걱정뿐이셨다. 멀리 떨어져 사니 자주 찾아볼 수 없다면 전화라도 자주 하라고 나에게 신신당부를 하셨다. 물론 말씀대로 하려고 노력했다. 그러나 쉬운 일이 아니었다. 한 번 통화가 시작되면, 두세 시간 힘든 과거를 되뇌셨다. 아버님의 죽음에 충격이 크셨겠지 하면서도 전화를 드리기가 무서웠다. 어쩌면 좋을까?

"피할 수 없다면 즐겨라!"라는 말을 떠올렸다. '즐길' 수는 없어도 귀담아 듣는 '척'이라도 해보자고 결심했다. 매일 퇴근길에 루틴으로 하루도 빠짐없이 전화를 드렸다. 놀라운 변화가 일어났다. 점점 '넋두리'가 짧아지시고 통화 시간도 짧아졌다. 음성도 몰라보게 밝아지셨다. 마침내 전화비 걱정을 하시며 빨리 끊고, 또 자주 전화하지 말라고 말씀하실 정도였다. 퇴근길 안부 전화가 나의 작은 즐거움이 되었다.

그제야 나는 아버지께서 왜 그토록 전화를 하라고 강조하셨는지 이해하게 되었다. 또한 가정으로서의 아버지를 새삼 실감했다. 아무튼 두 분은 금슬이 참 좋으셨음에 틀림없다.

28 코스

부구삼거리 ↔ 호산버스터미널

부구삼거리 ⇄ 6.1km ⇆ 도화동산 ⇄ 0.8km ⇆ 갈령재 ⇄ 3.8km ⇆ 호산버스터미널
총거리 10.7km

한국형 원전 개발 기념비

가곡천

원전 건설 촉구 현수막

한국가스공사

원자력발전소 정문 언저리에 조성된 작은 공원을 둘러보았다. 한국형 원전 개발을 기념하는 탑이 세워져 있다. 또 여기저기 원전 추가 건설을 촉구하는 현수막이 큼직하게 걸려 있다. 원전을 둘러싸고 벌어지는 우리 사회의 찬반 논쟁을 되돌아보게 한다.

이번 코스는 경상북도에서 강원도로 넘어가는 길이다. 울진군에서 삼척시로 접어드는 코스인데, 대부분의 길이 바닷가가 아니라 산길이다. 바닷길은 없는 것일까? 현지 주민에게 자문을 구했다.

"버스를 타고 해안가 고포로 간 뒤, 그곳에서부터 걸으면 됩니다."

고포에 도착했다. 여기서부터는 강원도 삼척시라는 팻말이 맞았다. 해안을 따라 가는 국토종주 동해안 자건길이라지만, 사실상 그저 해안 찻길일 뿐이었다. 자전거를 위한 길이 따로 있는 것이 아니었다. 걷는 자를 위한 길은 더욱 말할 게 없다. 해안 쪽은 튼튼한 철책이 막고 있다. 답답함을 참으며 한참을 걸었다. 한국가스공사 등 커다란 공장들이 늘어서 있다. 28번 코스가 왜 산길로 우회하는

삼척시 경계

해안은 경계 중

지 알 것 같다. 그나마 가곡천이라는 하천이 답답함을 해소해줬다. 여느 강 못지않게 풍족한 물길을 굽어보며 거슬러 올라가는 둑길이 상쾌했다.

호산터미널 앞

드디어 이번 코스의 종착점인 호산버스터미널에 도착했다. 말이 터미널이지 구멍가게 하나와 정류장 표시 하나가 전부였다. 그럴싸한 찻집이나 하나쯤 있으면 좋겠다는 희망은 언감생심이었다. 엎친 데 덮친 격으로 갑자기 돌풍과 더불어 폭우가 쏟아졌다. 난처했다. 마침 종점에 도착한 시내버스가 10분 뒤에 떠난다고 한다. 양해를 구하고 미리 버스에 올라 비바람을 피했다. 비바람에서 벗어나 비바람 속 경치를 보니 망중한의 운치가 따로 없다. 비바람이 치니 더 멋있다. 저 멀리 운무에 반쯤 가려진 산들이 바로 한 폭의 산수화이다. 저 운무 속에는 어떤 사연이 속삭이고 있을까? 그러고 보니 저것은 또한 한 수의 '소리 없는 시'이다.

• 소리 없는 시

만약 중국, 나아가 동아시아 문화와 서구, 특히 근대 이후의 문화를 비교하여 그 차이를 하나 꼽으라 한다면 나는 이렇게 말하고 싶다. 동아시아는 '껴안는 문화'인 반면 서구는 '나누는 문화'라고. 동아시아문화의 껴안는 특성은 여러 면에서 확인할 수 있을 터이지만, 이른바 공간예술인 그림과 시간예술인 시(詩)를 아우르려는 경

소리 없는 시, 소리 있는 그림

향에서도 뚜렷하다. 한 폭의 멋진 산수화를 보면 소리 없는 시라고 하고 한 수의 멋진 시를 보면 '소리 있는 그림'이라 한다. 이런 관심을 갖고 있던 참에 그림, 특히 화론을 전공하는 분들과 독회를 하게 되었고, 그 결과를 책으로 편찬했다. 그 서문을 쓰면서 나는 중국의 대표적인 화가 부부의 일화를 인용하여, 저간의 경위를 밝혔다.

너랑 나랑
너무 너무 다정했지.
정이 넘쳐,
불처럼 뜨거웠지.
진흙 한 덩이 쥐어다가,
너 하나를 빚고,
나 하나를 빚었기 때문이지.
이제 우리 둘을,
함께 부숴다가,
물에다 반죽하여,
다시 너 하나를 빚고,
다시 나 하나를 빚으리.
내 안에 네가 있고,
너 안에 네가 있도록.

살아서는 너와 한 이불,
죽어서는 한 무덤이 되도록.

관도승(菅道昇) <아농사(我儂詞)>

관도승은 그림과 시로 유명한 여인으로, 원나라의 대표적인 서예가이자 화가인 조맹부(趙孟頫)의 부인이다. 예술적 취향이 같기 때문에 그들 부부의 금슬은 남다르게 좋았다. 그런데 뜻밖에 조맹부가 무수(舞袖)라는 여인을 사모한 나머지 첩으로 들이고자 하였다. 그래서 시 한 수를 써서 넌지시 아내에게 속내를 드러냈다.

나는 학사,
그대는 부인.
그대 듣지 못했소?
학사 도곡(陶穀)은
도엽(桃葉)과 도근(桃根)을 두었거니와,
학사 소식(蘇軾)은
조운(朝雲)과 모운(暮雲)을 거느렸음을.
내가 고운 여인 몇을 더 들인들,
또한 어찌 분에 넘치겠소?
그대 나이 마흔을 넘겼으니,
그저 따뜻한 안채나 차지하구려.

시로 물어왔으니 시로 답하지 하고서 아내 관도승이 점잖게 남편을 꾸짖은 시가 바로 모두의 <아농사>이다. 남편 조맹부는 조용히 욕심을 접을 수밖에 없었다. “내 안에 네가 있고, 너 안에 내가 있으니”까 부부는 일심동체(一心同體)라는 사실을 되새기면서.

사실 “내 안에 네가 있고, 너 안에 내가 있음”은 그저 사랑 타령에서나 쓰이는 말이 결코 아니다. 음(陰)을 내포한 양(陽)과 양(陽)을 내포한 음(陰)으로 이루어진 태극(太極)이 시사하듯이, 그것은 중국 또는 동양 정신의 핵심을 짚는 말이라 하여도 과언이 아닐 것이다. 소식은 왕유(王維)를 두고서, 그의 “시 안에 그림이 있고(詩中有畵), 그림 안에 시가 있다(畵中有詩).”라고 평하였거니와, 혹자는 아예 “시와 그림은 한 몸이다(詩畵同體).”라고 잘라 말하기도 한다. 정말 시와 그림도 부부 관계란 말인가? 그렇다면 시간예술인 시와 공간예술인 그림이 어떻게 일심동체를 이룬다는 말인가? 시간 속에 공간을 담아두고 공간 속에 시간을 잡아두는 것이 어떻게 가능할까? 그러나 가능하다면 혹 이것이야말로 서양과 변별되는 동양예술의 특성이 아닐까? … 한동안 수많은 의문이 꼬리를 물며 떠올랐었지만, 의문은 의문으로 남겨둘 수밖에 없었다.

그러던 몇 년 어느 날, 퇴근길에서 동양화를 전공하는 이태호교수를 우연히 만한 것은 큰 행운이었다. 몇 마디 대화 끝에 우리는 의기투합하였고, 그 결과 중국문학 전공자와 회화 전공자가 함께하는 화론독회(畵論讀會)를 갖게 되었다. 오만종 교수, 이선옥 박사, 배종민 박사를 비롯하여 김소영, 이영옥 등 몇몇 대학원생인 참여하는 단출한 모임이었지만, 유검화 ≪동양화론유편≫을 기본 텍스트로 삼아 산수화론을 꾸준히 읽으면서 유익한 의견을 나누었었다. 이 책은 바로 이러한 화론독회에서의 논의를 밑거름으로 하고 있다. 때문에 독회에 참여하였던 모든 회원들과 독회 운영에 편의를 제공해주었던 부국문화재단이 책의 집필에 큰 힘이 되었음을 고마운 마음으로 먼저 밝혀둔다.

자신의 책이 세상에 나온다는 사실은 기쁘면서도 두려운 일이다. ≪소리 없는 시, 소리 있는 그림 - 중국 산수화론의 지향과 이론 -≫이라는 제목에서 알 수 있듯이, 이 책의 주된 관심사는 시와 그림의 소통과 융합 문제, 즉 "나 안에 네가 있고, 너 안에 내가 있는" 현상을 규명하는 데 있지만, 필자가 문학 연구자인 까닭에 아무래도 문학적 입장이 강하게 작용하였을 가능성이 크다. 그래서 기쁨보다 두려움이 앞선다. 독자, 특히 동양회화 전공자의 많은 질정을 기대한다.

2005년 8월

29 코스

호산버스터미널 ↔ 용화레일바이크역

호산버스터미널 ⇄ 8.6km ⇆ 임원항입구 ⇄ 5.7km ⇆ 아칠목재 ⇄ 4.0km ⇆ 용화레일바이크역 총거리 18.3km

해신당

해신 애랑

애랑 전설

남근

남근 장승

현명한 선택이었던 것 같다. 정해진 또는 공식적으로 추천하는 길을 무작정 따르지 않았던 것이 차라리 좋았다는 의미이다. 일부 구간은 버스를 타고 지나가고, 내가 원하는 곳과 코스를 설계하여 집중하기로 했다. 이번 29코스는 전체 50개 가운데 가장 재미없는 구간이라는 평이 있다고 하니 말이다. 해와 파랑의 길이 아니라 아스팔트 도로와 무료한 산길로 구성되어 있다는 의미이리라.

해신당공원 입구에서 내렸다. 비바람은 여전히 잦아들 낌새가 없다. 해안을 끼고 조성되어 있는 공원은 걸어 이동하기에 약간 버거울 정도로 규모가 컸다. 규모만큼 분위기도 여느 것과 사뭇 달랐다. 분명 기이한 느낌이 물씬 풍기지만 그 이유가 분명치 않았다. 나중에 알고 보니 남근(男根) 조형물로 가득 넘쳐났던 것이다. 바다가 내려 보이는 벼랑 끝에 작은 사당, 바로 해신당이다. 사당 안에는 해신의 초상화가 걸려 있다. 그녀의 이름은 애랑이고, 슬픈 사연을 간직하고 있다.

옛날 마을에 처녀 애랑과 총각 덕배가 살고 있었다. 어느날 해초를 따러가는 애랑을 덕배가 자그마한 섬에 내려주고 돌아왔다. 그런데 심한 강풍과 거친 파도 때문에 덕배가 데리러 갈 수가 없었고, 애랑은 바다에 빠져죽고 말았다. 그 후 고기잡이를 나가도

> 잡히지 않았다. 마을에는 애랑이의 원혼 때문이라는 소문이 돌았다. 그러던 어느 날 한 어부가 바다를 향해 오줌을 쌌더니 고기가 많이 잡혔다. 이후 마을 사람들은 정월대보름이면 커다란 남근을 깎아 애랑에게 제사를 지냈다.

상징적인 육체적 결합이 다산을 낳고, 다산이 곧 풍어(豐漁)를 가져 온다는 믿음이 담겨있다. 무속, 즉 샤머니즘은 허무맹랑한 미신에 불과한 것인가? 그렇다고 믿는 사람이 많을 터이지만, '유년기' 시절, 인류의 보편적인 신앙이자 후대 종교와 철학의 근원이라는 점에서 나는 '학문적 관심'마저 포기하고 싶지는 않다. 실제로 나는 '중국 문화의 근본과 원동력'으로서 샤머니즘을 주목하고 연구했던 바가 있다.

• 샤머니즘

샤머니즘

2003년 한국학술진흥재단의 기초학문 육성지원사업의 일환으로 과제 <중국문화의 근원과 원동력으로서의 巫俗>을 책임자로서 수행했다. 1년 동안 4인이 연구한 끝에 그 결과를 책으로 엮었다. 그리고 그 서문을 썼다.

연어는 신비로운 물고기이다. 알에서 갓 부화한 새끼 연어는 피라미만한 몸뚱이로 모천(母川)을 떠나 대양(大洋)을 향한다. 험난한 여정이지만,

연어는 모천으로부터 멀어질수록 그만큼 성장한다. 마침내 커다란 입에 날카로운 이빨을 갖춘 연어는 더 이상 미약한 체구의 민물고기가 아니다. 그 어떤 큰 물고기도 감히 자신을 한입에 냉큼 삼키겠다고 달려들지 못한다. 이제는 당당한 몸체를 자랑하는, 어엿한 바다고기의 일원이 된 것이다. 그런데 성체가 된 연어는 뜻밖에 왔던 길을 되돌아가며 그 험난한 여정을 되풀이 한다. 목표는 당연히 아득한 기억 속의 모천이다. 모천의 어느 여울목, 몸 하나 겨우 뒤척일 정도로 얕은 그 곳에 이르러 연어는 생을 마감한다. 연어에 있어서 모천으로의 회귀는 그러나 결코 헛된 것이 아니다. 모천으로서의 회귀가 있었기에 수많은 새 생명의 탄생이 가능하기 때문이다. 모천에서 대양으로 향하는 힘이 원심력이라면, 대양에서 모천으로 돌아오는 힘은 구심력이다. 연어는 원심력으로 성장하고 구심력으로 새 생명을 잉태한다.

모천을 떠나면서 성장하고, 모천으로 회귀하면서 새로운 생명을 잉태하는 순환적 메커니즘은 연어의 일생에 국한되는 것은 아니다. 인류의 문화도 역시 크게 다를 바가 없다. 사실 어떤 민족이나 국가이든지, 전통의 관습을 시대에 맞춰 뛰어넘음으로써 자신의 문화를 발전시켜 나가지만, 반면 전통의 원형을 되돌아봄으로써 문화적 정체성을 견지함과 동시에 새로운 성장 동력을 되찾는 것이다. 전통의 원형을 인류 문화의 모천이라 부른다면, 그 모천은 무엇일까? 독일의 철학자 야스퍼스(Karl Jaspers)는 축심시대(軸心時代 Axial Period)에 소크라테스, 유태교의 선지자, 석가모니, 공자와 노자 등이 출현하여 종교와 철학 측면에서 '초월적인 돌파'를 달성하는데, 이것이 이후 인류 문화의 원형적 원천으로 작용한다고 주장한다.

그의 말에 따르자면, 중국의 경우, 공자와 노자가 문화의 원형, 즉 모천이 될 터이지만, 그렇게 단정하기에는 시기상조이다.

공자의 유가와 노자의 도가가 중국 문화에서 지대한 위치를 차지한다는 점은 분명하나, 여기에서 중국 고대문명은 '샤먼적(shamanistic) 문명'이고, 또 그것은 '연속성(連續性)'을 특징으로 한다는, 중국계 재미학자 장광즈(張光直)의 지적을 떠올릴 필요가 있다. 사실 중국의 문화는 모종의 '원시(原始)'로 회귀하려는 강한 속성을 지니고 있는데, 이러한 속성은 공자와 노자도 마찬가지이다. 우리 연구팀은 장광즈의 동의하면서, 그 '원시'를 바로 샤머니즘, 즉 무속(巫俗)으로 파악한다. 이 책의 목표는, 무속이 중국문화의 모천, 다시 말해 그 근원과 원동력으로 기능하고 있음을 규명하는 것이다. 다만 논의의 집중도를 높이기 위해 그 범위를 문학으로 한정하였을 뿐이다. 시론(試論)인 만큼 미흡한 부분이 적지 않을 것이다. 사계 제현의 아낌없는 질타를 바란다. 아울러 우리의 시론이 학계의 유관 논의를 촉발하는 기폭제가 되기를 기대한다.

이 책은 한국학술진흥재단의 지원(KRF-2003-074-AS0088)으로 연구되고, 우리 대학 김태완 교수의 편집과 조언을 거친 뒤, 신성출판사 오형규 사장님의 흔쾌한 출판 허락 덕분에 세상에 빛을 보게 되었다. 머리 숙여 깊은 감사의 뜻을 표한다.

2005년 6월

30 코스

용화레일바이크역 ↔ 궁촌레일바이크역

용화레일바이크역 ⇄ 3.1km ⇆ 황영조기념공원 ⇄ 3.9km ⇆ 궁촌레일바이크역 총거리 7.0km

레일바이크

첫째 굴

둘째 굴`

마라톤 우승 기념비

이번 코스는 레일바이크역에서 시작하여 레일바이크역에서 끝난다. 레일바이크는 철로 위에서 페달을 밟아 운행하는 탈것이니 우리말로 옮기자면 '궤도자전거'쯤 될 것 같다. 호기심에 한번 타볼까 싶어 역사를 기웃거렸더니, 직원으로 보이는 사람이 불쑥 나와 다짜고짜 꾸짖는다. 마스크를 똑바로 쓰지 않았으니 들어오지 말라고 한다. 꼭 이렇게 불친절하게 말해야 하나 싶어 언짢지만 꾹 참고 궤도자전거 운행 시간을 물었다.

“1시간 반 뒤요.”

“차라리 그냥 걷고 말자.”

30코스 시작점이라는 팻말을 분명히 확인하고 걷기 시작했다. 길은 레일바이크의 레일을 따라 나 있었다. 오른쪽에는 바다, 왼쪽에는 레일을 끼고 걷게 되어서, 마음에 들었다. 멀리 굴이 보인다. 굴 입구에 ‘진입금지’ 팻말이 위압적이다. 그런데 지금까지 따라왔던 해파랑길 표지가 어느 순간부터인지 보이지 않는다. 돌아갈까? 망설여진다. 아무리 걷는 게 좋아 행인(行人)이라 자호(自號)한 나이지만, 잘못 든 길을 되돌아가는 것은 딱 질색이기 때문이다.

“혹 레일바이크를 타라고 일부러 유도하는 것일지도 몰라.”

“기껏해야 자전거인데, 별일이야 있겠어.”

“운행시간도 한 시간이나 남았으니, 걱정 뚝!”

이렇게 중얼거리며 굴로 들어섰다. 조명이 나름 멋있다. 잘한 선택! 그런데 굴을 벗어나자 또 굴이 나왔다. 두 번째 굴은 1,000m가 넘는다. 조명은 여전히 화려했지만, 점멸을 반복하면서 칠흑 같은 어둠이 거듭된다. 순간 공포가 밀려온다.

“지나고 보면 이 또한 추억이 될 터이지.”

이렇게 애써 자위하며 조심조심 걸었다. 한참 후에 간신히 빠져나왔다.

다시 찾은 광명의 길!

황영조 마을과 기념공원이 기다리고 있다. 어렴풋하지만 바르셀로나 올림픽 마라톤 경기에서 그가 결승점을 통과하는 순간을 회상하며 공원을 걸었다. 아울러 단축마라톤이지만 2위에 입상하였

황영조 기념공원

던 학창 시절의 추억도 떠올렸다. 사실 스포츠를 좋아하시고 잘 하셨던 아버지의 내림인지, 나는 작은 체격치곤 거의 모든 운동을 즐기고 잘 하는 편에 속한다. 주량만 아버지를 닮은 게 아니다.

"아버지, 고맙습니다."

"아들아, 나도 운동 잘했어!"

"아 참, 어머니 고맙습니다."

• 한자, 살아있는 화석

교양 한문 강의가 갈수록 어렵다. 해가 갈수록 그렇다. 학생들이 한자 자체를 낯설어하거나 심지어 기피한다. 한자부터 가르쳐야 하고 그것도 흥미 유발부터 시작해야 한다는 의미이다. 그래서 한자학을 전공으로 하는 김태완 교수와 기획한 것이 '한자와 중국문화'라는 과목이다. 그리고 그 교재로 우리는 <한자, 한문 그리고 중국문화>를 펴냈다. 그 서문에서 나는 '살아있는 화석'이라는 콘셉트로 한자 공부를 권유했다.

한자를 두고 흔히 '활화석(活化石: living fossil)'이라고 부른다. '활

한자와 중국문화 교재

화석'은 우리말로 옮기자면 '살아있는 화석'으로, 그것의 사전적인 풀이는 "살아있는 생물 종(種) 가운데 화석으로만 발견되는 종과 닮았으면서, 연관된 친척 종이 없는 것을 부르는 말이다."라고 되어 있다. 쉽게 말해서, '은행나무'나 '쇠뜨기' 같은 식물이나 '투구게'나 '오리너구리'같은 동물처럼, 태고의 지구에 출현한 이래 동시대의 수많은 생물들이 대량 멸종하였음에도 불구하고 지금까지 남아있는 생물 종을 지칭한다. 이들 '살아있는 화석'은 따라서 억겁 세월만큼의 각종 생물학적 정보를 간직하고 있어 과학의 집중적인 연구 대상이 된다. 뿐만 아니라, 무수한 '상전벽해(桑田碧海)'를 견지한 '살아있는 화석'의 신비로운 경륜은 "십년이면 강산도 변한다."고 호들갑을 떠는 인간들에게 겸손과 경외를 불러일으킨다. 인문학적 관점에서 보면, 한자가 꼭 그렇다.

사실 한자보다 더 오래된 글자가 없는 것은 아니다. 예를 들자면, 고대 메소포타미아문명을 중심으로 사용되었던 설형문자(楔形文字)나 고대 이집트문명에서 사용되었던 상형문자(象形文字)의 경우, 한자의 비조(鼻祖)인 갑골문자(甲骨文字)와 비교하더라도 몇 세기 정도는 쉽게 앞선다. 그러나 그것들은 오늘날 쓰이지 않고 있다. 때문에 단순한 '화석'일 뿐, '살아있는' 것이 못된다. 반면 한자는 초기 형태를 기본적으로 유지하면서, 다시 말해 상고시대 이래의 문화 정보를 고스란히 내재하면서, 오늘날 소위 '중국어'로 불리는 '현대

한어'에까지 활용되고 있다. 그래서 한자는 명실상부한 그 '살아있는 화석'이 된다. 과거 역사의 문화적 정보를 무진장하게 내장하고 있는 '화석'이면서도, '중국어'를 문자로 적어내는 '살아있는' 역할을 하고 있는 것이다. 이런 의미에서 우리는 한자를 과거와 현재를 소통하는 타임머신(time machine), 즉 '초시간 여행선(超時間 旅行船)'이라 불러도 좋을 듯 하다.

길고긴 시간만이 한자의 자랑인 것은 아니다. 한자는 또한 중국 대륙을 뛰어넘어 드넓은 공간에서 사용되었다. '한글'의 '한'이 '한민족(韓民族)'을 가리키듯이, '한자'의 '한'은 '한족(漢族)'을 통상 지칭한다. 그런데 한족이라는 민족 집단이 태고부터, 우리의 관심사로 좁혀 말하자면, 한자의 산생 시점부터 본디 존재하였던 것이 아니고, 여러 민족이 장기간에 걸쳐 서로 융합하면서 생겨난 역사적 산물이라는 점을 인식하는 것이 중요하다. 왜냐하면 이러한 인식은 한자의 성립에 여러 민족이 참여하였다는 가설을 뒷받침해주기 때문이다. 만약 이러한 가설이 성립한다면, 한자는 처음부터 중국 대륙에서 활약하던 여러 민족의 공동 산물이자 자산이었다고 여겨도 괜찮을 것이다. 뿐만 아니라, 한자는 훗날 대륙을 넘어 한반도와 일본열도 그리고 동남아까지 전파되어 큰 영향을 끼쳤다. 우리의 경우, 한글 창제 이전에는 한자를 문자로 사용하였고, 지금도 한자어가 우리말 단어 가운데 70%를 차지하고 있다는 사실이 입증하듯이, 과거는 물론 현재에도 동아시아 문화를 논할 때 한자는 빠뜨릴 수 없는 대상이다. 이런 의미에서 우리는 한자를 동아시아의 '대륙횡단열차'라 불러도 좋을 듯하다.

요컨대 한자와 그것으로 이루어진 한문은, 시간적으로는 과거와 현재를 오르락내리락 이어주고, 공간적으로는 아시아 대륙을 오락가락 관통하는 데 필수불가결한 수단이라 하겠다. 좀더 거창하게 말하자면, 동아시아의 정체성을 발견하고 21세기 미래 지향적 '가치'와 '지혜'를 수립하는 데 가장 적절한 매체가 바로 한자와 한문인 셈이다. 왜냐하면 문화적으로 보자면 한자와 한문이야말로 '살아있는 화석'이기 때문이다. 따라서 한자(문)를 문화적 관점에서 대한다는 것은 곧 진귀한 '살아있는 화석'과의 만남을 의미한다. 요즘 젊은 세대 가운데 한자를 어렵게 여기거나 심지어 혐오하는 사람이 있다면, '살아있는 화석'으로 만나보길 권하고 싶다. 그러면 훨씬 친근하면서도 소중하게 느껴질 것이다. 이 책은 이러한 기대에서 집필되었다. 물론 시작에 불과하다. 또한 시작에 불과한 이 책이 세상에 나올 수 있었던 것은 여러 사람의 도움과 격려 덕분이다. 감사의 뜻을 표하면서 머리말로 대신한다.

2008년 2월

31 코스

궁촌레일바이크역 ↔ 덕산해변입구

궁촌레일바이크역 ⇄ 2.9km ⇆ 동막교 ⇄ 2.2km ⇆ 부남교 ⇄ 3.8km ⇆ 덕산해변입구
총거리 8.9km

레일바이크 철도

공양왕릉

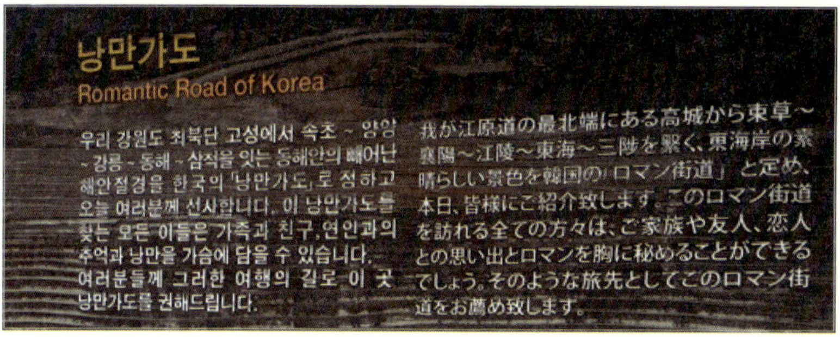

낭만가도

적봉산과 기수

적봉산 경승지

궁촌레일바이크역에 도착했다. 시간이 맞지 않아 바이크를 타보지 못한 아쉬움을 철로 궤도를 보며 달래고 있었다. 그런데 역 바로 옆에 큼직한 고분이 눈길을 끈다. 공양왕과 두 아들의 무덤이라고 적혀있다. 조선이 건국되면서 폐위된 공양왕이 두 왕자와 함께 삼척으로 쫓겨난 뒤 교살되었다고 설명하고 있다. 이곳 마을 지명인 궁촌도 임금이 유배된 곳이라는 의미라고 한다. 영웅의 탄생 뒤에 가려진 누군가의 몰락이 '인문학' 교학에 종사하는 나를 숙연하게 만든다. 잠깐 고개를 숙여 묵념을 하고 돌아섰다.

출발에 앞서 이정표를 찾았다. 아쉽게도 이제부터 해안 길이 아니라 내지 길이다. '낭만가도!' 방금 비운의 왕릉을 보고 온 터라, 그리고 휴전선과 '통일 전망대'를 향하는 길인지라 '낭만'이라는 단어가 성큼 마음에 와 닿지 않는다. 버스를 탔다. '단조로운 도로'를 혼자 걸으면 설령 있는 '낭만'일지라도 느끼지 못할 터이니 말이다. 면사무소 앞에 하차하여 숙소를 찾았다. 웬걸, 예상밖이다. 한 곳도 없다. 찾고 찾다가 결국 주민에게 물어보니 애시당초 없다고 한다. 난감하다. 이번 코스 종점인 덕산해변입구로 가면 있겠지 싶어 걸었다.

덕산해변입구에 도착했다. 해파랑길 32코스 시작점이라는 팻말이 홀로 길가에 서 있을 따름이고, 주위에 아무런 편의 시설이 없다. 7코스 염포삼거리의 악몽이 되살아났다.

"뭐야 31코스의 종점이자 32코스의 시작인데 숙박시설이 없다니!"

한참을 두리번거린 끝에 멀리 떨어진 해변에 편의점 싸인 같은 것이 보인다. 저기에는 숙소가 있을 것 같아서 걸음을 재촉했다.

덕봉산 경승지!

경치가 그만이다. 작은 마을에 24시간 편의점이 두 군데나 성업 중이다. 최근 개발되어 각광을 받는 곳이라고 한다. 아쉽게도 외톨이 여행객이 묵을 만한 대중적인 숙박 시설이 없다. 물어물어 겨우 저렴한 민박을 하나 찾아냈다. 달랑 변기와 샤워꼭지뿐, 세면대조차 없는 초라한 방을 고급 호텔에 준하는 비용을 내고 잤다.

• 신발 귀신

면사무소에서 31코스 종점으로 가기 위해 걸었다. 하천 가를 따라 한참을 걷는데 오고가는 사람이 전혀 없다. 내 발걸음에 놀란 물새가 날아오르는 소리에 내가 다시 놀랄 뿐이었다. 그런데 누군가가 따라 오는 것 같다. 계속 신발 소리 같은 게 들려온다. 돌아보면 아무 것도 없다. 오싹하다. 귀신이 있나? 다시 조심조심 걷는다. 어, 다시 소리가 난다. 철벅철벅! 걸음을 멈추면 소리도 멈춘다. 몇 번을 반복한 뒤 겨우 알아냈다. 결론은 신발이 범인! 맨발로 걸어보니 아무런 소리도 없다. 신발을 벗어 흔들자 철벅철벅 소리가 난다. 어떻게 신발에서 이런 소리가 나지? 아무리 털어도 아무 것도 없는데. 신기한 일이다. 길가에 차분히 주저앉았다. 신발을 꼼꼼히 살펴보니 밑창이 문제였다. 딴에는 고급 신발이라고 밑창에 공기 주머니가 있는데, 그 곳에 모래와 작은 돌멩이가 가득 차 있었던 것이다. 공기 주머니가 터져서 그곳으로 들어갔나 보다.

"먼 길을 걷는데 무엇보다 중요한 것이 신발이잖아요!"

한사코 헌 운동화를 챙기는 나를 만류하며, 큰 맘 먹고 구입해둔 등산화를 권하던 아내의 말이 생각났다.

"아내의 말을 들을 걸! 산띠아고 까미노 800km도 무사히 걷게 해줬었는데 …"

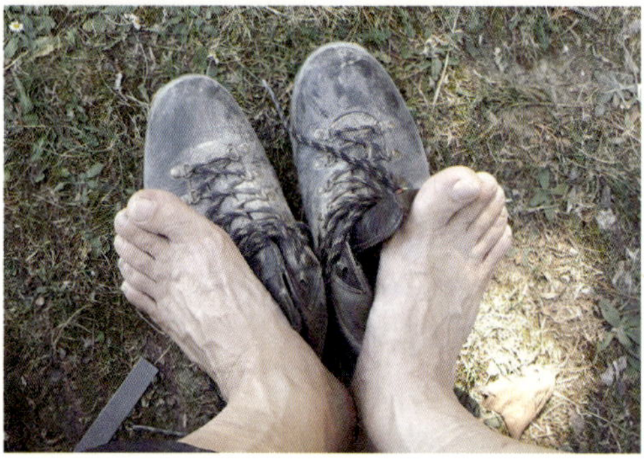

800km 동반자 등산화

32 코스

덕산해변입구 ↔ 추암해변

덕산해변입구 ⇌ 3.5km ⇋ 상맹방해변 ⇌ 7.8km ⇋ 죽서루 ⇌ 2.8km ⇋ 삼척항 ⇌ 5.7km ⇋ 삼척해변 ⇌ 2.7km ⇋ 추암해변 총거리 22.5km

우 파랑

좌 솔숲

행로난

해안은 공사 중

죽서루

오십천

역시 바다야

다시 해변을 걸으니, 엊저녁 숙소 때문에 언짢았던 기분이 말끔해지는 기분이다. 맹방해변은 단조로울 정도로 쭉쭉 뻗어 있는데, 왼쪽에는 솔숲이 출렁이고, 오른쪽에는 파랑이 넘실대고 있다. 좌 송림(松林) 우 파랑(波浪)이다.

화무십일홍(花無十日紅)이라 했던가! 갑작스레 길이 유턴U-turn한다. 오던 길을 되돌아가는 것이 지친 행인에게 달가울 리가 없다. 게다가 길은 찻길이어서 휙휙 차가 지나갈 때마다 움찔움찔하게 만든다. 그야말로 '행로난(行路難)'이다. 행로난은 힘든 인생길을 노래한 고시(古詩)의 제목이다. 발전소와 관련된 공사가 한창이다. 다행히 고개에 올라서니 멀리나마 바다가 내려다보이니 숨통이 트인다.

삼척 시내를 지나고 오십천을 거슬러 죽서루에 도착했다.

관동제일루(關東第一樓)!

허언이 결코 아니다. 350년 된 회화나무의 호위를 받으며 짙푸른 오십천을 굽어보고 있는 자태가 당당하면서도 과하지 않다. 어디선

해안은 가족 나들이 중

가 꾀꼬리 소리가 들린다. 한 쌍의 황금 탄환이 푸른 잎과 가지 사이를 꿰뚫는다. 마치 베틀을 오락가락하며 비단을 짜는 북 같다. 앵사(鶯梭), 즉 '꾀고리 북'이라는 단어가 생각난다. 나를 반겨 맞는 듯하다.

"이미 고인 되신 부모님, 두 분이 저렇게 날고 계시는 것은 아닐까?"

중앙시장을 향했다. 예정 노선에서 벗어나지만 새 신을 사고자 함이다. 발이 여전히 불편한데 그 주된 원인이 바로 걸을 때마다 철벅철벅 소리를 내는 신발에 있었기 때문이다.

"새신을 신고 뛰어보자 팔짝!"

훨씬 발걸음이 가볍다. 다시 찾은 해안, 물결 소리도 훨씬 경쾌하게 들려온다. 모래사장에 놀러 나온 사람들이 가족 단위로 옹기종기 모여 있다.

"안녕! 할아버지."

꼬마 아가씨가 나를 보고 인사한다. 미심쩍어 확인하니 틀림없이 나를 보고 하는 말이다. 날아갈 듯 온 몸이 가벼워진다.

안녕 아가야

• 내리사랑과 치사랑

시간과 장소를 가리지 않고 아이를 만나면 눈을 떼지 못하고 쳐다보니, 아내로부터 종종 핀잔을 듣는다.

"그만 좀 보시오. 아기 닳아지겠소."

두 손주

먼 길을 걷는 도중에, 생각지 못하게 귀여운 아가의 인사를 받고 나니 두 손주가 보고 싶다. 한 명은 프랑스에, 한 명은 경기도에 살고 있기에 자주 만나지는 못하지만, 한 주가 멀다 하고 영상 통화를 한다. 삶의 최대 활력소이다.

손주를 보고 있는 순간은 부모님에 대한 생각조차 잠시 잊어버린다. 아마도 내리사랑이 치사랑보다 더 강한 모양이다. 종종 느끼는 바이지만 우리말의 표현력은 참으로 대단하다. 자식에 대한 사랑은 내려오므로 '내리'사랑이요, 부모에 대한 사랑은 올라가므로 '치'사랑이다. 그래서 비유하자면 내리사랑은 물이고, 치사랑은 불과 닮았다. 물과 불이 다르듯이, 내리사랑과 치사랑은 많이 다르다. 전자는 종족 보존 본능과 맞닿아 있으므로 '천연'이다. 마치 하늘에서 비가 내리는 것과 같다. 후자는 윤리도덕으로 권하므로 '인위'이다. 마치 집안에서 불을 피우는 것과 같다. 동양인의 삶은 '천인합일(天人合一)'을 최고의 경지로 삼듯이, 양자는 합쳐 하나를 이루어야 한다. 또 비유하자면, 태극기의 태극이 물과 불이 둘이면서도 하나인 것과 마찬가지이다.

그런데 자식보다 손주가 더 사랑스러운 이유는 뭘까? 물이 아래로 더 잘 흐르는 것과 같은 원리 아닐까? 돌이켜 보면 선친 두 분도 아들 부부보다 손녀를 더 반기셨다. 역시 내림이다.

33 코스

추암해변 ↔ 묵호역입구

추암해변 ⇄ 7.1km ⇆ 동해역 ⇄ 2.9km ⇆ 한섬해변입구 ⇄ 3.3km ⇆ 묵호역입구
총거리 13.3km

추암해변

동해자유무역지역

닭곰탕 식당 뒷 마당

길고 긴 길

다시 만난 바닷가

예상치 못하게 예쁜 아가의 인사를 받았던 추암해변을 뒤로 하고 길은 바닷가를 떠났다. 지루하게 똑같은 길이 연속된다. 공장들과 창고들이 꼬리를 물고 있다. 물 한 병 살 곳조차 없다. 물도 떨

어지고 요기할 것도 없다. 동해자유무역지역! 간혹 휙 지나가는 자동차뿐, 사람 그림자라도 볼 수 있으면 좋겠다.

지루함과 배고픔에 짜증날 무렵, 마침내 상점과 식당이 있는 거리가 나왔다. 금강산도 식후경! 허겁지겁 식당을 찾아들어갔다. "분명 어서 오세요." 라고 했었다. 몇 명이냐는 질문에 혼자라고 답변했더니, 갑자기 말투가 달라진다.

"저기 죄송한데요, 밥이 떨어졌습니다."

밥통을 보여 달라는 말이 튀쳐 나오는 걸 참았다. 다행히 멀지 않은 곳에 다른 식당이 있다. 조심스레 물었다.

"혼자인데 식사할 수 있습니까?"

주인장으로 보이는 중년의 여인이 당연할 걸 왜 묻느냐는 듯 의아한 표정을 짓는다.

"혼자라면 닭곰탕을 드세요."

그야말로 꿀맛이다. 김치도 깍두기도 이렇게 맛있을 수가 없다. 허기가 가시자 주위를 돌아볼 여유가 생겼다. 마당이 정갈하고 아담하다. 아내가 정성껏 가꾼 우리 집 마당 같다.

다시 걷기 시작했다. 동해항이다. 웬일인지 항구는 철통방어 태세이다. 높은 담장이 쳐져 내부 모습이 전혀 보이지 않는다. 담장 너머로 쭉쭉 뻗은 도로가 한도 끝도 없다. 행인에게는 지루하고 무료한 길이다. 항구를 지나고 동해역을 지나, 이제는 바닷가인가 싶은데 여전히 다가갈 수가

해안을 차지한 골프장

없다. 멀리 골프장이 보인다. 이번에는 골프장이 가로막고 있다.

마침내 해변이 나왔다. 반갑다. 해변은 얼핏 비슷하지만 곳곳마다 나름 독특한 자태를 뽐내고 있다. 보는 것만으로 기분이 좋아진다. 중간 중간 군부대 초소 때문인지 간혹 산길로 우회하지만 잠깐일 뿐이다.

산책 나온 시민 세 사람과 나란히 걷게 되었다. 눈길이 마주쳐 짧은 인사말을 건넸더니, 대뜸 전라도에서 오지 않았냐고 묻는다. 자신들은 각각 광주, 무안, 영암 출신이라고 하면서. 학교 교사들이었다. 수월교육을 하는 학교에 근무하는데, 광주에서 근무한 적도 있었고, 당시 광주시교육감이셨던 장인도 잘 안단다. 보통교육과 수월교육에 대해 잠시 토론이 벌어졌다. 덕분에 지루하지 않고 걸었고, 숙소에 대한 정보도 덤으로 얻었다.

숲속 오솔길

오솔길에서 만난 고향사람들

• 실력 광주, 교단 선진화

이렇게 지나가다

아내의 아버지, 나의 장인의 존함은 안준(安浚)이다. 관선으로 민선으로 광주시 교육감을 역임하셨기에 우리 지역 사회에서 알만한 분은 다 안다. 만년에 <이렇게 지나가다>라는 육필 자서전을 남기셨다. 서문에 당신의 소박한 소망을 이렇게 적으셨다.

> 팔십 여 년 걸어온 인생의 여정(旅程)을 단편적이나마 기록해 자손들에게 전하고자 이 글을 썼다. 자손들이 이 책에 담긴 삶의 편린(片鱗)들을 통해 내가 헤쳐 온 세월의 흔적을 어렴풋이나마 짐작하고, 내가 지키려고 애썼던 가치를 되새길 수 있다면 다행이겠다.

교육감으로 재임하던 시절, 당신은 '실력 광주'와 '교단 선진화'로 대변되는 많은 업적을 이루셨다. '실력 광주'에 관련해서 회고록 본문은 다음과 같이 기록하고 있다.

> 1994년 대학입시가 끝나고 매년 그랬듯이 동아일보만이 서울대 합격자수를 시도별로 발표했다(지금은 입시경쟁을 부추긴다는 여론에 따라 몇 년 전부터 금하고 있지만). 그런데 웬일인가? 광주시내 고교 출신 학생의 합격자수가 부산(광주인구의 3.5배) 출신 합

> 격자수와 인천(광주인구의 2.5배) 출신의 합격자 수를 합한 수보다 절대수가 4명이나 더 많다고 대서특필했다. 4년 전 국립학력평가원(그 뒤에 교육과정 평가원으로 개칭함) 주관으로 실시한 평가에서 전국 15개 시도에서 최하위권의 성적이 매년 10%내지 20%씩 상향 하더니 4년 만에 개가를 올린 것이다.

'교단 선진화' 역시 전국 최초여서 전국적인 벤치마킹의 대상이었다. 그러나 서문에 전혀 언급이 없다. 더 중요하게 여겼던 것이 있었다.

> 최근 몇 년 새 있었던 일들 가운데 내게 가장 중요했던 것은 대계서원(大溪書院) 복설(復設)이었는데, 모든 일들이 순조롭게 진행돼 2012년 10월 마침내 준공을 보게 되었다. 10년 가까이 몰두해 온 일이 성공적으로 마무리된 데 대해 너무나 기쁘고 뿌듯하게 생각한다. … 후손으로서 우산(牛山) 선조의 삶과 가르침을 선양하는 일이자, 삶의 후반기에 막중한 책임감을 느꼈던 큰 숙제를 잘 마칠 수 있도록 도와주신 분들께 거듭 감사를 전한다.

이처럼 장인께서 우산 안방준 선생을 기렸던 것은 단순히 당신의 조상을 추켜세우는 일만이 결코 아님을 나는 잘 알고 있다. 절의와 학문을 한순간도 놓지 않았던 우산 선생의 정신이 이 시대에 절실하다는 사실을 널리 알리고자 하셨던 것이다. 내가 저서(특히 일반 독자를 대상으로 하는 책)를 출판하면 두툼한 봉투를 손에 쥐어주며 격려해주셨는데, 아마도 사위가 우산 선생을 닮기를 바라셨던 것 같다. 아무튼 장인은 나의 든든한 후원자이자 또 한 분의 아버님이셨다.

누구보다도 강인한 정신력을 갖고 계셨지만, 장인은 육체적으로 강한 분은 아니셨다. 이른바 스포츠라고 부를 만한 것을 거의 하실 줄 몰랐다. 게다가 일찍이 위암으로 수술까지 받으신 적도 있었다. 그럼에도 불구하고 왕성하고 풍성한 사회적 활동이 가능하였던 것은 오로지 장모님의 남다른 내조 덕이었다. 그래서 서문의 마무리를 이렇게 적으셨다. 당연한 말씀이지만 가슴에 두고두고 소중히 간직하고 싶다.

> 오래 전부터 생각해왔던 책을 엮어내는 이 순간, 가장 순전(純全)한 마음을 담아 아내 박영신(朴英信) 권사와 모든 자녀손들에게 한없는 사랑의 마음을 전한다.

34 코스

묵호역입구 ↔ 옥계시장

묵호역입구 ⇄ 1.6km ⇆ 묵호등대공원 ⇄ 6.0km ⇆ 망상해변 ⇄ 6.8km ⇆ 옷재 ⇄ 4.5km ⇆ 옥계시장 총거리 18.9km

큰 바위 얼굴

동해 일출

초소가 있는 해변

동화 같은 초소

일찍 기상하여 숙소 둘레를 둘러보았다. 숙소 뒤편 언덕에 등대가 우뚝하고 주변에 여러 볼거리와 시설이 있는 듯하다. '도깨비골 스카이밸리와 전망대'라는 안내판이 보인다. 올라가볼까 망설이다 그만두었다. 갈 길이 멀어 서둘러야 하기 때문이다. 멀리 푸른 바다가 보이겠지 하며 아쉬움을 달랬다. 흡사 닿지 않는 포도를 두고 '신' 포도라고 여겼던 여우처럼. 대신 언덕에 조성된 도깨비 형상의 '큰 바위 얼굴'을 본 것으로 만족하고 해변 길로 접어들었다. 마침 아침 해가 떠오른다. 새삼 새로울 게 없는, 일상으로 떠오르는 태양이지만 아침 해는 늘 신선하다. 우리의 나날도 이렇게 설렜으면 좋겠다.

"웬 문어?"

대왕문어 조형물이 서있다. 전설에 의하면 조선 중기, 이 동네에 나타나 행패를 부리는 왜구를 거대한 문어가 나타나 싹 쓸어버렸는데, 이 동네 유지가 죽어서 문어로 환생한 것이었다고 한다. 왜구! 일본은 참 질긴 악연인가 싶다.

왜구를 물리친 문어

바다는 언제보아도 좋다. 찬란한 아침 태양 빛에 반짝이는 모습은 더욱 좋다. 멀리 동화 속 스머프의 집이 보인다. 군 초소이다. 왜구를 막아야 할 리가 없거늘, 이제는 또 누굴 막아야 한단 말인가? 우리 처지가 서글프다.

망상해변임을 알리는 붉은 시계탑이 모래사장을 홀로 지키고 서

있다. 텅 빈 모래밭, 어쩐지 아깝다는 생각이 든다. 착각이었다. 멀리 바다 위에 점점이 떠있는 것들 모두가 사람이었다. 수많은 사람들이 아침 햇살을 가르며 파도를 타고 있는 것이다. 서핑! 언제부터 서퍼들이 저리 많았던가 싶다. 어쩜 나만 사회의 변화를 모르고 있었는지도 모르겠다.

시계탑

무심코 길을 걷다가 고개를 들어 먼 산을 보다가 깜짝 놀랐다. 울창한 솔숲은 어디 가고 민둥산뿐이다. 마치 일부러 조성한 목초지 같다. 그러면 좋으련만 그게 아니었다. 몇 년 전 크게 났던 산불의 상체기라고 한다. 자나 깨나 불조심!

서핑 인파

민둥산

• 아시아문화원형을 찾아서

2008년과 2009년 2년에 걸쳐 우리대학에서 지원하는 <아시아문화원형연구 특성화 사업단>의 책임을 맡게 되었다. 그 성과를 아시아문화원형 총서라는 이름으로 출간했다. 여러 가지 이유로 지원이

아시아문화원형총서1

중단되어, 3권을 내는 데 그치게 되었다. 짧은 기간이었지만, 아시아문화원형을 찾고자 했던 노력은 나의 소중한 기억과 자산으로 남아있다. 총서 1 <동아시아의 생사관>의 서문에서 '아시아'에 대한 관심을 이렇게 촉구하였다.

요즘 우리 주위에는 '다문화'라는 말과 더불어 '아시아'라는 말이 넘쳐나고 있다. '우리 안의 아시아', '아시아 안의 우리', '아시아 연대', '아시아문화', '아시아주의', '러브 人 아시아', '아시아는 지금', '아시아투데이', '아시안게임', '아시아횡단철도', '아시아적 생산양식', '아시아적 공동체', '아시아적 가치' …, 그리고 광주 지역 사회의 최대 현안이자 국가적 관심사인 '아시아문화중심도시!'

이처럼 아시아라는 관형어는 모종의 '아우라(aura)'를 풍길 정도로 즐겨 쓰이고 있지만, 기실 조금만 거슬러 올라가면 '아시아'라는 말은 낙후의 표상이거나 극복의 대상에 불과했었다. '아시아적 생산양식'이나 '아시아적 공동체'를 K. 마르크스 등이 들먹였을 때, 그것은 서구의 진전과 대비되는 아시아의 낙후 또는 정체를 상징하는 말이었다. 그리고 근대화 이후 아시아를 벗어나려고 발버둥쳤던 일본의 사례가 웅변하듯이, 대체로 '아시아'는 아시아에서조차 극복의 대상으로 치부되었다.

'아시아적 가치'라는 말도 서구적 관점에서 제기되었다. 1970년대부터 80년대까지 비약적인 경제발전을 거둔 동아시아 신흥공업국(한국, 대만, 홍콩, 싱가포르)을 설명하기 위한 것으로, 그것은 대체로 공동체의식, 가족주의, 효도와 예의 같은 유가적 덕목들을 가리키는 것이었다. 서구 사회에 존재하지 않았거나 상실해버린 가치와 이상을 아시아에서 모색하려는 몸짓이지만, 아시아는 여전히 타자화된 존재에 지나지 않았다. 그래서 그들은 아시아문화를 유교문화 하나로 환원시켜버리는 오류를 범했을 뿐만 아니라, 90년대 금융위기를 맞자 그 원인을 다시 '아시아적 가치'의 탓으로 돌리는 자가당착적 우를 범하였다. '연고주의', '인정주의' 등으로 인한 예견된 위기라는 견해는 이러한 발상에서 비롯되었던 것이다. '아시아적 생산양식'이든 '아시아적 공동체'든 '아시아적 가치'이든, 문제의 소재는 서구의 주관적이고 편협한 입장에서 아시아를 재단하고 있다는 데 있었던 것이다. 이제 아시아의 눈으로 아시아를 보아야 할 때가 된 것이다.

또한 우리 주위에는 '세계화(globalism)'를 목청을 높여서 주장하는 사람이 있는가 하면 '지역화(localism)'를 강조하는 사람도 있다. 나름대로 모두 타당성이 있겠지만, 우주 질서가 '원심력'이나 '구심력' 어느 하나만으로 유지될 수 없듯이, 그것은 양자택일의 문제가 아니다. 그래서 제기된 것이 '세방화(glocalism)'인데, 문제는 구체적인 실천 방안이다. "가장 지역(세계)적인 것이 가장 세계(지역)적이다"라고 말하는 것은 쉽지만, 그건 추상적인 구호에 그칠 뿐이다. 다시 말해 "가장 한국적인 것이 가장 세계적인 것이다"라는 말을 흔히 하지만 여전히 선언적인 구호에 지나지 않는다. 그래서 '세계'와 '지역'을 소통시켜 줄 매개가 필요한데, 그것이 바로 '아시아'이다. 때로는 한국, 북한, 중국, 대만, 일본 등등, 국가와 영토를 넘어서는 좀 더 거시적인 눈이 필요한 것이다. '아시아'가 우리의 정체성을 비춰주는 거울이 될 뿐만 아니라, 또한 세계적 보편성으로 우리를 인도하는 가교가 될 수 있기 때문이다.

아시아 사람들의 삶은 너무나 다양하기 때문에 아시아라는 이름으로 묶을 수 없다는 주장도 있다. 그렇지만 역으로 아시아에는 아시아의 독특한 정신문화가 존재한다는 사실을 부정하는 사람은 거의 없다. 실제로 21세기 인류가 안고 있는 심각한 문제들, 예컨대 공격적 자원 개발로 인한 자연생태의 파괴, 무한경쟁과 시장중심주의로 인한 인간 소외 등등을 '천인합일(天人合一)'과 '아시아적 공동체 정신'으로 대표되는 '아시아적 가치'로 치유하거나 회복해야 한다는 목소리가 커지고 있다. 만약 그것이 사실이라면 우리는 아시아적 가치가 기반을 두고 있는 아시아문화의 전통을 주목해야 한다. 그리고 그 전통을 형성하는 데 핵심적인 역할을 하고 있는 '어떤 것'을 찾아야 하는데, 우리는 이를 '아시아문화원형'이라 부르고 있다. 아시아 담론은 넘쳐나면서도 실체적인 '아시아'가 부재한 우리 현실에서 우리가 진정 하여야 할 일은 '아시아문화원형'을 진지하게 찾아나서는 일이다.

아시아문화원형총서 3

'아시아문화원형'을 찾아나서는 첫걸음으로 우리가 선택한 주제가 '생사관'이다. 인간의 삶은 참으로 복잡다단하다. 그러나 한 가지 공통점이 있으니, 그 누구라도 '태어남'이 있으면 반드시 '죽음'이 있기 마련이라는 사실이다. 또

한 자신의 의지로 태어난 적이 없듯이, 죽음도 자신의 의지를 무시하고 찾아온다는 사실이다. 태어남은 의식이 없는 상태에서 맞이하지만, 죽음은 의식을 하면서도 피할 수 없기에 더욱 숙명적으로 여겨진다. 게다가 죽음의 경험을 들려줄 수 있는 사람은 그 어디에도 없다. 그래서 인간은 죽음을 두려워 할 수밖에 없어, 죽음을 본능적으로 기피하고 삶에 맹목적으로 집착하게 된다. 여기에서 강렬한 갈등이 발생하고, 인간은 그 해결책을 모색하게 되는데, 이것이 바로 '생사관'이다. 삶과 죽음은 인간의 가장 기본적이고 근본적인 문제이기 때문에, 모든 종교와 철학은 이에 대한 대답을 찾는 데 힘을 쏟을 수밖에 없다. 그래서 생사관은 모든 민족 또는 국가의 종교와 철학의 핵심문제가 된다. 뿐만 아니라 문화 전반에 걸쳐 저면에서 깊숙이 기능한다. 요컨대 아시아인의 생사관은 '아시아적 가치'를 구성하는 주요 인자로서, '아시아문화원형'을 찾아가는 중요한 열쇠 중 하나이다.

이 책에는 '종교와 철학', '문물과 문자', '신화와 민속', '시가 장르', '서사 장르'의 다섯 가지 각도에서, 그리고 공간적으로는 우리나라 진도로부터 멀리 중국의 소수민족과 그리스에 이르기까지, 시간적으로는 현대 시인부터 머나먼 태고의 신화에 이르기까지의 다방면에서 '생사관'을 탐색하는 글 22편이 실려 있다. 이 중 절반은 각 분야의 전문 학자의 글로서, 본 사업단에서 발표와 토론을 거쳐 나온 결과이다. 나머지 절반은 대학원생과 지도교수가 공동 집필한 '교학상장(敎學相長)'의 글로서, 학문후속세대 양성을 모색한 소산이다.

이 책은 '아시아문화원형'을 찾아 나서는 첫 걸음에 불과하다. 사실 첫 걸음이 가장 어려운 법이다. 그래서 많은 도움이 필요했다. 전남대학교 학교 당국을 위시로 하여 지금까지 도움을 준 모든 분과 기관에 감사를 드린다. 아울러 향후에도 격려와 편달이 이어지기를 삼가 기대한다. 작은 걸음이 큰 걸음이 되고, 크고 작은 걸음이 쌓여, 아시아와 소통하고 인류의 미래를 향하는 '길'이 되도록, 또한 '아시아문화중심도시'를 학문적으로 뒷받침하는 보급로가 되도록….

2009년 2월

35 코스

옥계시장 ↔ 정동진역

옥계시장 ⇌ 3.3km ⇋ 옥계해변 ⇌ 3.6km ⇋ 금진항 ⇌ 2.0km ⇋ 심곡항 ⇌ 4.9km ⇋ 정동진역 총거리 13.8km

고려궁

조약돌을 씻듯이

풍차 해우소

바다부채길

산속 오솔길

솔 숲길을 한동안 걷는다. 솔향기와 갯내가 절묘하게 섞여 향기롭다. 자주 숨을 크게 들이시며 걷는다. '고려궁'이란 간판이 눈에 들어온다.

"평화로 가는 길, 커피 한 잔!"

솔깃하다. 더 다가가 자세히 보니, "정주영 형제가 소를 몰고 갈 때 묵었던 곳"이라고 쓰여 있다. "평화로 가는 길"이라는 말에 끌려 '커피 한 잔'을 하고 싶지만, 아쉽게 휴업 중이다.

"나는 무엇을 할 수 있을까?"

'통일'전망대를 향하는 나의 발걸음이 작은 도움이라도 된다면 얼마나 좋을까? 발걸음에 힘을 잔뜩 실어본다. 왼발에 평화, 오른발에 통일, 그 소망을 담아본다.

다시 바닷가, 풍차 한 대가 돌고 있다. 화장실이다. 길손의 편의시설을 이렇게까지 예쁘게 꾸며주다니 고마운 마음이 절로 든다. 이제부터 '바다부채길'이라 불리는 절경이 펼쳐진다 하니 금상첨화이다. 눈길 가는 곳마다 절경이다. 고만고만한 조약돌을 씻어내고 있는 물결, 모든 것을 씻어줄 것 같다.

"어서 오세요. 다 씻어드릴 터이니."

심곡항

심곡항 등대가 멀리서 어서 오라고 손짓하지만, 길이 우회하기 시작한다. 아마도 해안이 너무 험하거나 아니면 군부대가 있겠지 싶다. 우회하는 김에 아예 산속을 걸어보기로 했다. 고즈넉한 오솔길, 처음에는 잘한 선택인 양 싶었다. 그런데 아무리 걸어도 인적이 전혀 없다. 새 우는 소리마저 없는 절대 정적에 살짝 오싹해진다. 그렇다고 이제 와서 돌아갈 수는 없는 일이다. 3km에 달하는 산길을 마치 물속을

산꼭대기 크루즈

걷는 양 침묵 속에 걸었다.

마침내 정동진에 도착했다.

"아니! 저건 또 뭐야?"

산 위에 웅장한 크루즈 배가 걸터앉아 있다. 알고 보니 고급호텔이다. 하긴 살다보면 난데없는 꼴을 접할 수도 있는 법이지. 불현 듯 엄청난 충격이었던 발언이 생각난다.

"그냥 싫어요."

• 그냥 싫어요

갈운 선생의 퇴임에 이어, 동천, 춘정, 원봉 선생이 정년퇴임을 하셨다. 그 이전에 서의영 교수는 모교로 옮겨가셨다. 어느덧 학과 내 최고 선임자가 되었다. 발령이 빠르다고 특별한 권한이나 책무가 더 주어지는 것도 아닌데, 나보다 앞선 선임 교수들처럼 나는 스스로 모종의 강한 책임을 느끼고 있었다. 솔선수범해야 한다는 마음으로 학과 발전을 위한 기획을 제안하고 실행하는 데 열심이었다.

어느 해인가? 뜻밖에 충격적인 발언을 듣게 되었다. 학과 발전을 위해 꼭 필요하다고 확신하고서 어떤 사업을 하자고 학과회의 석상에서 제기했다. 한 교수가 목소리를 높였다.

"저는 반대입니다."

"왜요?"

"당신이 하자고 하니 그냥 싫습니다."

나는 말문이 콱 막혔다. 사업의 구체적인 내용이나 궁극적인 목표가 무엇이든지 간에 '선임'이 '선도'하는 꼴이 보기 싫으니, 무조건 반대한다는 것이다. 이 건만 아니라 앞으로 무엇이든지 내가 하자는 일은 반대라고 선언했다. 멍했다. 모든 열정이 식고 절망이 밀려 왔다.

얼마 후 좀 차분해지자 스스로를 돌이켜 보았다. 꼭 틀린 말이 아닌 듯하다. 나서지 말라고 누누이 강조하는 노자(老子)를 그렇게 좋아하고 그렇게 많이 읽으면서도 정작 '행함'은 정반대로 하고 있었던 것이다. 아니 맞는 말이었다. 산꼭대기에 턱하고 걸터 앉아있는 크루즈처럼 얼마나 거추장스러웠을까? 알았으면 실천에 옮겨야지! 우선 담당 교과목부터 시작했다. 과원이 다 선택하고 남은 것을 맡았다. 대학원 지도 학생은 더 이상 받지 않았다. 그리고 회의석상에서 가능한 한 말을 아꼈다. "그냥 싫어요."라는 말이 나도 '그냥' 싫었지만, 지나고 보니 고마운 말이었다.

36 코스

정동진역 ↔ 안인해변

정동진역 ⇌ 1.5km ⇋ 183고지 ⇌ 1.3km ⇋ 당집 ⇌ 4.3km ⇋ 페어글라이딩활공장 ⇌ 2.3km ⇋ 안인해변 총거리 9.4km

모래시계

해시계

정동진역

동해와 철도

6·25 남침 현장

남침 사적탑

강릉통일공원

모래시계공원을 둘러본다. 역시 가장 먼저 눈에 띄는 것은 모래시계이다. 1년에 걸쳐 모래가 흘러내린다고 한다. 모래시계는 물시계의 사촌 쯤 될까? 물시계가 인류의 최초의 시계일까? 아니라는 듯 해시계가 턱하고 자리 잡고 있다. 광음(光陰)이라는 단어가 떠오른다. 한 글자씩 번역하면 빛과 그림자, 합치면 시간이라는 뜻이 된다. 먼 옛날 시계가 아직 없었을 적에 인류는 그림자를 보며 시간의 흐름을 파악하였을 것이다. 나이가 들수록 세월이 빨리 간다는 어른들 말씀이 생각난다. 언제 이렇게 40년이 흘러 정년퇴임을 하게 되었지?

너나나나 할 것 없이 사진 찍기에 여념이 없는 정동진역을 멀리서 보기만 하고 더 걷기로 했다. 안내 책자를 보니 이제부터 여정은 우회하는 산길이다. 방금 '오싹'한 산길을 걸어온 참이라 주저된다. 해안 길은 없는 것일까? 관리원에게 물으니 있다고 한다. 줄곧 철책이 쳐져 있어 바닷가로 접근할 수 없으나 그 너머로 동해의 힘찬 물결을 볼 수 있으니 다행이다.

얼마쯤 걸었을까? 도로 좌측 산 쪽에 제법 큰 규모의 시설이 조성되어 있다. 입구에 6·25 남침 현장이란 입간판과 함께 "그대, 평화를 원하거든 전쟁에 대비하라"란 경구가 적힌 작은 기념탑이 서 있다. 남침 한 시간 전에 북한군이 위장전술로 기습 공격한 곳이라고 한다. 가슴이 다시 먹먹해진다. '6·25전쟁 민간인 희생자 위령탑' 앞에 서니 고개가 절로 숙여진다.

다시 해안 길을 걷는데, 이번에는 커다란 군함 한 척이 해안에 올라서있다. 강릉통일공원! 가슴이 또 먹먹해진다. 통일 운운하지 말고 우선 남북한이 오락가락이라도 했으면 좋겠다. 지금의 상황에서 통일이 가능할까? 남이든 북이든 진정으로 통일을 생각하는 지도자가 있을까? 육자회담 운운하지만 진정 우리의 통일을 원하는 나라가 있을까? 일본 교토대학에 방문학자로 가 있을 때, 나는 남북한의 분열과 대립을 은근히 즐기는 일본인의 시선을 느끼곤 했었다. 중국에서 만난 지식인도 더하면 더했지 다를 게 없었다. 결국 우리의 문제일 터, 우선 교류하려는 마음이 우선 아닐까?

• 군자국: 고대 한반도

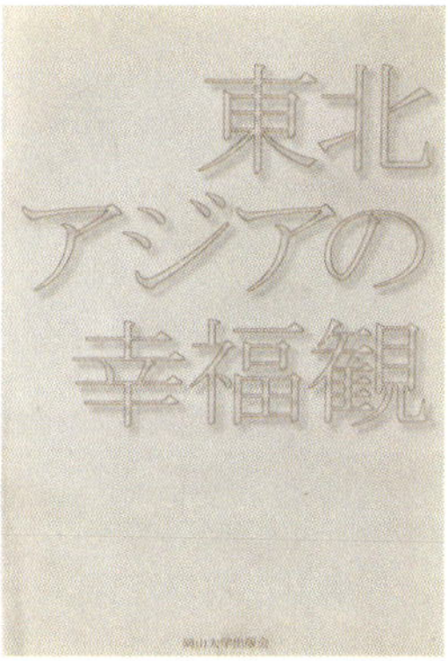

동북 아시아의 행복관

2009년 방문학자의 신분으로 일본 교토대학을 찾았다. 중국 일변도였던 나의 학문적 시야를 넓힐 수 있는 좋은 기회라고 여겼다. 유관 학술 모임이 있으면 최대한 참여하려고 애썼다. 한번은 林교수가 '일본강점기 한반도'라는 주제로 발표한다 해서 큰 관심을 갖고 참가 신청을 했다(사전 신청을 하지 않는 사람은 참가 불가). 발표자는 재일교포 임 교수가 아니라, 순수 일본인 하야시 교수였다. 전형적인 '극우' 학자로, 발표의 핵심은 간단했다.

> 한국의 근대는 모두 일본의 선물이다. 그런데 고마움은커녕 비난하고 있으니 참으로 한심한 민족이다. 결코 침략이 아니라 야만을 문명으로 만드는 선행이었다.

화가 머리까지 치밀어 올랐다. 한반도가 결코 '야만'이 아니라, 동아시아의 '이상향'이었음을 알리고 싶었다. 나의 뇌리 속에는 공자(孔子)가 오고 싶어 했다는 기록이 선명하게 박혀있기 때문이다. 마침 오까야마대학에서 <동북 아시아의 행복관>을 주제로 하는 학술대회에서 발표 요청이 왔다. <古代朝鮮半島人の人生と東北アジアの幸福觀>이란 제목으로 발표했다. 큰 반향을 일으켰다. 국내로 돌아와 이를 보완하여 <군자국: 고대 한반도의 형상과 그 원형적 의미 - 중국 문헌을 중심으로->라는 논문으로 국내 학술지에 게재했다. 한국학술진흥재단 우수논문으로 선정되었다. 많은 사람들이 읽어보면 좋겠다는 소망을 담아, 그 결론 마지막 부분을 전재한다.

지금까지 우리는 중국 고대 문헌의 기록을 통하여 고대 한반도인의 삶의 양상과, 그것을 기록하였던 고대 중국인이 꿈꾸는 이상향을 살펴보았다. 이제 양자를 연계시켜, 군자국이라는 고대 한반도의 형상이 내포하고 있는 원형적 의미를 읽어낼 차례가 되었다. 먼저 유의할 점은, 고대 중국인이 기록한 고대 한반도인의 양상과 그들이 꿈꾸는 이상사회가 구조적으로 밀접하게 연계된다는 사실이다. 따라서 4와 5에서 제시한 두 도표는 다음과 같이 합쳐 볼 수 있다.

<table>
<tr><td rowspan="4">고대 한반도</td><td rowspan="2">군자국</td><td rowspan="4">유위
인위
제도
규제
경쟁
↓</td><td rowspan="4">↑
무위
자연
인성
자율
공생</td><td>지덕지세</td><td rowspan="2">도가</td><td rowspan="4">고대 중국의 이상</td></tr>
<tr><td>소국과민</td></tr>
<tr><td>기자조선</td><td>대동사회</td><td rowspan="2">유가</td></tr>
<tr><td>한사군</td><td>소강사회</td></tr>
</table>

고대 한반도인의 삶의 원형적 면모라 할 수 있는 '군자국'은 도가의 지덕지세와 소국과민 그리고 유가의 이상인 대동사회의 요소를 내포하고 있다. 공자가 살고 싶었던 구이(九夷)가 한반도 일원을 가리키는 것이 분명하지만, 그 한반도는 현실적인 공간이라기보다는 이상적인 공간으로 보는 것이 더욱 타당할는지 모른다. 그렇다고 한다면 공자가 선망하였던 것은 고대 중국, 나아가 동아시아의 이상향이었다고 이해해도 좋다. 사실 ≪산해경≫을 위시로 일련의 중국 문헌이 묘사하고 있는 동방의 군자국은, 고대 한반도인의 이상적 삶을 형상화한 것일 뿐만 아니라 동아시아인의 행복관 내지는 가치관을 대변한다고 할 수 있다.

한반도의 군자국, 중국의 지덕지세와 소국과민 그리고 대동사회로 대표되는 동아시아의 행복관에는 유위(인위, 제도, 규제, 경쟁)보다는 무위(자연, 인성, 자율, 공생)적인 요소가 보다 중요한 위치를 차지하고 있다. 유위와 인위가 문명을 대변한다면, 무위와 자연은 원시를 대변한다고 할 수 있다. 현대인의 관점에서 보자면, 고대 동아시아인의 행복관은 인류 문명의 발전을 부인하고 미개한 원시로 복귀하자는, '어린이' 같은 비현실적인 이상에 불과하다는 혐의를 받을는지 모른다.

그러나 물질문명과 문물제도가 고도로 발전했음에도 불구하고, 혹은 발전하면 할수록, 오히려 현대인은 '인간소외', '인간차별', '환경파괴' 등의 심각한 문제에 직면하고 있다는 지적이 사실이라면, 물질보다는 정신을, 외면보다는 내면을, 경쟁보다는 공생을 중시하는 고대 한반도와 동아시아의 '유치한' 행복관이 효과적인 처방으로 기능할 수 있을 것이다. 이런 의미에서 고대 동아시아의 '어린이'가 21세기 서구화된 '어른'에게 던지는 메시지는 여전히 유효하다. "어린이는 어른의 아버지이다"라는 시인의 지적과 "어린이의 마음을 잃으면 참된 인간을 잃는다."는 철인의 경고가 강한 울림으로 다가오는 이유가 바로 여기에 있다. 전문은 <중국인문과학> 43집에 게재.

37 코스

안인해변 ↔ 오독떼기전수관

안인해변 ⇌ 8.8km ⇆ 정감이수변공원 ⇌ 8.7km ⇆ 굴산사지당간지주 ⇌ 0,5km ⇆ 오독떼기전수관 총거리 18km

어도魚道

감자꽃과 교회

보리밭과 민가

뙬마을회관

뙬마을 장수 쉼터

등산로 안내판

붉은 등산로

태양열 발전 단지

송담서원

굴산사지 당간지주

이번 코스는 내지를 걷는다. 군선천을 거슬러 올라간다. 중간 중간 설치된 어도(魚道)가 눈길을 끈다. 연어와 은어가 펄떡이는 광경을 상상하니 나도 힘이 절로 솟는다. 한 마을로 들어서는데, 감자밭과 보리밭이 그림처럼 펼쳐진다. 이것이 강원도의 진면목인가 싶다. 특이한 건물이 보인다. 돌집으로 된 마을 문화관 겸 노인당이다. 마을 이름이 재미있다. 뗼마을! 발음하기조차 힘들다. 뗼은 띠(茅)라는 뜻의 토속어라고 하니, 정겹다.

또 다른 마을이 맞는다. 정감이마을. 말 그대로 정겹다. 마을 뒤편으로 등산로가 나 있는데, 그 유래가 흥미롭다.

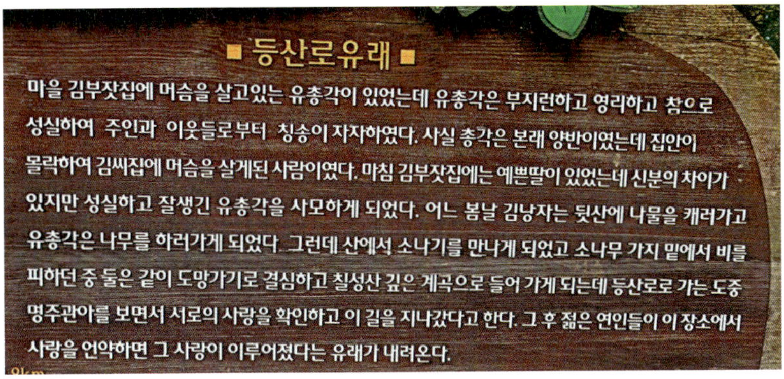

등산로는 제법 길었다. 붉은 소나무와 붉은 흙이 어우러진 등산로, 그 붉음은 뜨거운 사랑의 상징일까? 1시간 넘게 걷고 있을 무렵, 숲 사이로 탁 트인 절개지가 펼쳐진다. 태양열발전 시설이다. 그 규모가 산자락 하나를 다 차지할 정도이다. 그 큰 규모를 보고 있노라니 의아해졌다. 얼마나 많은 나무를 잘라냈을까? 과연 여기서 생산되는 전기가, 나무가 생산하는 산소만큼 값어치를 하는 것일까? 이런저런 상념에 그만 길을 잃고 한참을 헤맸다.

덕분에 구경이나 하자구나 하고 어느 마을을 서성였다. 역시 기대가 어긋나지 않았다. 송담서원이 예상치 못하게 나를 반겨주는 것이었다. 율곡 이이의 위패를 모신 서원이라고 한다. 둘러보고 이제 발길을 서둘러 굴산사지 당간지주를 찾았다. 보물로 지정된 유물로, 신라 말 고려 초에 만들어진 국내 최대 규모라고 한다. 그러나 절집은 온데간데없고 홀로 들판에 서있는 모습이 어쩐지 애처롭게 느껴졌다. 국가적 이데올로기가 불교에서 유교로 바뀐 그 세월의 변화를 어찌 하겠는가?

"그런데 이제 우리나라를 이끌 종교나 사상은 무엇이어야 할까?"

21세기 우리가 따라가야 할 '길'은 어디 있을까? 나에게는 오랜 숙제이다.

• 필리안: 최고지도자 인문학과정

필리안 모집

필리안 제1기 입학식

21세기 우리가 따라가야 할 '길'은 어디 있을까? 막연하게나마 '인문'이 그 역할을 해낼 수 있을 것이라는 믿음을 나는 갖고 있었다. 때마침 인문대학 학장에 선출되었다. 나는 우리 지역 사회 지도자들과 함께 '길'을 모색하고 싶었다. 1년에 걸친 준비과정 뒤 마침내 최고지도자 인문학과정(약칭 필리안)을 개설했다. 제1기 입학식 환영사에서 나는 이 과정을 여는 의도와 각오를 다음과 같이 밝혔다.

최근 인문학이 전 세계 교육기관과 기업들의 화두로 부각되고 있습니다. 주요 글로벌 기업들은 인문학적 소양을 갖춘 CEO를 초빙하거나 인문학을 중심으로 하는 사내교육을 개설하고 있으며, 유수한 대학들은 앞 다투어 인문학적 교양교육을 강화하면서 인문학의 사회적 소통에 주체가 되고 있습니다. 한 마디로 인문학적 담론은 시대의 아이콘이 되고 있는 듯합니다. 인간이 소외되고 도구화되어 가는 현실을 깊이 우려하면서, 인간의 존엄성과 삶의 가치에 대한 관심이 높아지고 있다는 증거일 것입니다.

우리는 단군 이래 가장 풍족하고 편리한 삶을 누리고 있는지도 모릅니다. 돈만 있으면 무엇이든지 먹고 무엇이든지 입고 어디든지 살 수 있거니와, 컴퓨터만 두드리면 궁금한 것이 무엇이든지 보고 듣고 알 수 있습니다. 지금 우리는 그만큼 행복하다고 말할 수 있을까요? 조석으로 들려오는 소식에는 흐뭇하고 기쁜 일보다는 안타깝고 슬픈 일이 더 많습니다. 이제 우리는 미국의 젊은 지도자 로버트 케네디의 말에 귀 기울여야 합니다. "국민총생산은 모든 요소를 측정합니다. 삶을 가치 있게 해주는 요소는 제외하고 말이죠."

인문학은 인간의 삶을 가치 있게 해주는 것들을 탐색하고 실천하는 학문입니다. 만사를 좁게 보고 급히 서두르는 사람은 인문학이 무용(無用)하다고 생각합니다. 사물의 본질을 이해하고 인간의 우주에서의 위치를 이해하고자 하였던 철학자 장자는 흥미로운 이야기를 들려줍니다. 어느 날 그의 친구 혜자가 말합니다. "여기에 가죽나무 한 그루가 있네. 엄청나게 크지만, 줄기는 울퉁불퉁하고, 가지는 꼬불꼬불해서 목수들이 쳐다보지 않는다네. 그대의 말처럼, 크지만 쓸모가 없다네." 장자가 점잖게 대꾸합니다. "허 이 사람아, 넓은 들판에 심어두고 그 아래에서 유유자적 즐기면 되지 않는가?" 혜자가 보는 것은 나무의 작은 쓰임새, 즉 소용(小用)에 지나지 않습니다. 반면 장자는 인간의 정신적 그늘로 기능하는 나무의 큰 쓰임새, 즉 대용(大用)을 보고 있습니다. 인문학은 대용을 보는 안목을 키워줍니다.

대용을 보는 안목은 선진적인 리더십과 창의적인 원동력을 배양합니다. 세계적인 펀드매니저인 조지 소로스, 휴렛 팩커드의 여성 최고 경영인 칼리 피오리나, 얼마 전 세상을 뜬 애플사의 스티브 잡스의 공통점은 무엇일까요? 이들은 모두 대학에서 인문학을 전공했습니다. 그들은 인문학이라는 바다에서 상상력과 창의력을 길어 올렸던 것입니다. 특히 스티브 잡스는 "만약 내가 반나절이라도 소크라테스와 점심 식사를 함께 할 기회를 얻을 수만 있다면 애플의 모든 기술을 그의 철학과 맞바꾸어도 좋다."고 했다고 합니다. 그런가 하면 스필버그 감독의 영화 <쥬라기 공원> 한 편이 벌어들인 수익이 현대 기아차가 한 해 자동차를 수출해서 얻은 금액과 맞먹는다고 합니다. 이제 인문학적 소양은 진정한 지도자가 갖추어야 할 불가결한 덕목이라 말할 수 있습니다.

지역 거점 대학인 우리 대학은 이러한 시대적 지역적 요구에 부응하고자 <인문학 최고지도자과정> 필리안을 개설합니다. 바야흐로 세계사적 전환의 시대를 맞는 이즈음, 우리 지역 각계의 지도자에게 요구되는 선진적인 리더십과 창의적인 원동력은 인간의 정신과 문화에 대한 온전한 이해에서 비롯된다고 믿습니다. 필리안은 국내외 최고의 석학과 명사로 구성된 명실상부한 최고 품격의 프로그램을 준비하고 있습니다. 안으로는 지도자 여러분에게 풍요로운 삶을 제공하고, 밖으로는 우리 지역 사회에 신선한 바람을 일으키고 싶습니다.

38 코스

오독떼기전수관 ↔ 솔바람다리

오독떼기전수관 ⇄ 2.1km ⇆ 구정면사무소 ⇄ 5.7km ⇆ 모산봉 ⇄ 2.9km ⇆ 중앙시장 ⇄ 7.7km ⇆ 솔바람다리 총거리 18.4km

감자밭과 전통가옥

칠보화와 전통가옥

평온한 시골길

솔바람다리

느긋한 길이다. 전형적인 농촌마을을 지나노라면 멋진 한옥이 종종 발길을 붙잡는다. 감자 꽃을 앞자락에 펼쳐놓은 한옥도 운치 있거니와 칠보화가 만개한 전통가옥도 멋스럽다. 길은 다시 산길로 접어든다.

산길에 대한 일종의 공포증을 갖게 된 나는 더욱 신경을 바짝 곤두세우며 걷기 시작했다. 역시 인적이 없다. 호젓하다. 비온 뒤인지라 풀잎이 옷을 적신다. 이정표가 나올 때마다 거듭 확인하고 확인하며 서두르지 않고 걷는다. 그럼에도 불구하고 뭔지 불길한 예감이 스친다. 오솔길이 점점 좁아지더니 결국 무덤 앞에서 없어져버린다. 달랑 무덤과 나뿐이다. 귀신이라도 나올 분위기이지만 그것은 전혀 무섭지가 않다. 차라리 귀신이 있으면 좋겠다. 그러면 말없이 떠나가 버린 어머니의 혼백도 만날 수 있을 터이니 말이다.

잠시 무덤 앞에 앉아 내친 김에 쉬었다. 워낙 다니는 사람이 드물기에 이정표 관리가 부실했나 보다.

"누굴 탓하랴, 잘못 본 내 잘못이지."

그렇다고 오던 길을 돌아가고 싶지는 않다. 산 아래를 내려다보니 저만치 인가가 몇 채 보인다. 무모한 결정을 내렸다.

"무질러 내려 가버리자. 이 정도쯤이야!"

산은 아무리 쉬워 보여도 만만하지 않다는 사실을 망각했다. 밀림을 헤치는 듯 천신만고 끝에 겨우 빠져 나왔다. 휴! 안도의 숨을 쉴 겨를도 없이 허기가 밀려왔다.

화불단행!

간신히 찾아낸, 하나 있는 식당마저 오늘은 쉬는 날이라고 한다. 토마토 하나를 배낭에서 겨우 찾아내 감지덕지 삼켰다. 안내 책자를 찾아보자 다시 산길을 걸으라고 한다.

"절대로 No!"

큰 길을 따라 시내로 들어간 다음, 남대천을 따라 바닷가로 나가기로 마음먹었다. 동해안 모든 하천은 바다로 향할 터, 딱히 길 잃을 염려도 없으니 말이다. 현명한 선택이었다. 하천을 따라 산책로가 쭉 이어졌다. 게다가 유네스코인류무형문화제인 강릉단오제 관

강릉 단오제

련 시설을 접할 수 있으니 망외의 소득이었다. 예상대로 남대천은 바다와 만나고, 그 지점에 38코스의 마지막 장소인 솔바람다리가 나를 맞이한다. 강릉항과 남항진을 연결하는 아치형태의 인도교로 사람과 자전거만 이용할 수 있는 다리이다. 교량 중앙부에 있는 휴식공간에 서서 긴 하루를 되돌아보았다. 해안선 쪽 하늘에서 요란한 소리를 내며 전투기들이 내려앉고 있다. 아마 오늘 내가 산길을 헤맸던 것이 바로 저 군 공항과 무관하지 않을 듯하다.

• 길을 찾아서

인문에게 삶의 길을 묻다

필리안 제1기 원우 가운데 한 분이 자신이 발행하는 지역 생활언론지에 시평을 써 달라고 부탁했다. 망설임 끝에 쓰기 시작한 글이 모였다. <인문에게 삶의 길을 묻다>라는 책으로 펴내며 <길을 찾아서>라는 제목으로 서문을 썼다.

망설임 끝에 쓰기 시작한 잡문이 작은 책 한 권이 된다. 한 달에 한 번 꼴로 쓴 글이 오십 편에 육박하니, 어느덧 4년이 되나 보다. 처음 시평(時評)이라는 이름으로 집필을 제안 받았을 때 나는 주저했다. 이런 식의 글을 써본 적이 없거니와, 꼭 써야 한다고 생각해본 적도 없었기 때문이다. 이때 한 지인이 채근했다.

"뭘 망설여요? 한 번 써보지. 학교에만 갇혀 있지 말고."

국민의 세금 덕에 장기간 국립대학교에서 교수직을 누렸으니 이제는 환원하라는 뜻이리라.

집필을 시작하던 무렵, 나는 30년 남짓 대학 교편을 잡고 있었다. 그동안 나름대로 중국고전문학의 교학에 열심이었다고 자위하면서도 늘 무언가 허전한 구석이 있었다. 왜 '한국의 현재'가 아닌 '중국의 고전'이지? 게다가 본질적으로 허구인 '문학'이지? 좀 확대해서 '인문학자'라고 치자. 세상이 급변하고 사회가 아파하는데 '인문학'으로 무엇을 하지? 이런 의문들이 꿈틀대고 있었던 것이다.

의외였다. 이런 의문들이 잡문을 쓰면서 풀릴 줄 몰랐다. 나의 작업이 바로 길을 찾는 일임을 깨닫게 된 것이다.

"길은 무엇이고, 어디에 있는 것일까?"

길을 보는 관점은 양분된다. 길이 있기에 사람이 다닌다는 것과 사람이 다니기에 길이 있다는 것, 두 가지이다. "길은 사람들이 다니므로 생긴다."라고 장자가 일찍이 설파했고, "본래 땅위에는 길이 없었다. 걸어가는 사람이 많아지면 그것이 곧 길이 되는 것이다."라고 루쉰이 말하듯이, 동양 인문학자인 나는 후자의 입장을 지지한다. 뒤집어 말하자면, 길의 전제는 '많은' 사람이 '오고 가는' 것이다. 일부 '소수'가 일방적으로 '가는' 것이라면 그것은 '변치 않는 길(常道)'이 될 수 없고, 또 되어서도 안 된다. 이것이 이 책에서 찾는 길이다.

비록 책은 작아도 도와준 이가 적지 않다. 마땅히 사의를 표해야 하나 일일이 적지 않는다. 이 책이 누군가가 길을 찾는 데 다소라도 도움이 된다면, 그들도 틀림없이 함께 기뻐해 주리라 믿는다. 많은 사람이 걸어야 길이 된다는 사실을 그들도 잘 알고 있을 터이니 말이다.

2016년 1월

39 코스

솔바람다리 ↔ 사천진해변

솔바람다리 ⇌ 7.2km ⇆ 허균·허난설헌기념관 ⇌ 2.0km ⇆ 경포대 ⇌ 6.7km ⇆ 사천진해변 총거리 15.9km

송정해변

군부대 담장 벽화

그네

의자

솟대

경포호

모처럼 해안 길이 끊어지지 않고 이어진다. 안목해변을 지나 송정해변에 도착한다. 나의 고장에도 송정이란 지명이 있어 친숙하다. 전국적으로 송정이란 지명은 얼마나 될까? 송정(松汀)이든 송정(松亭)이든, 아무튼 우리 민족은 소나무를 무척이나 좋아했나 보다. 명실상부하게 해변은 솔숲이 이어진다. 아쉽게도 군데군데 해변 접근을 막은 철책 담장이 있지만, 벽화가 그 아쉬움을 채워준다.

이어지는 곳은 강문해변, 바람에 흔들리는 그네와 정적이 깃든 의자가 차지하고 있다. 바다로 하천이 흘러들고 그 위로 다리가 놓여있다. 솟대다리이다. 옛적 풍요를 기원하며 볍씨를 주머니에 넣어 높이 세운 장대에서 솟대가 유래했다고 한다. 다리 아래 강물과 바닷물이 교차하는 지점에 소원을 비는 현대판 솟대가 설치되어 있다. 한참 동안 서서 사회적 통합과 민족적 화해를 빌었다. 저 강물이 바닷물과 하나로 섞이듯이 말이다.

다리를 넘어서니 경포해변이다. 이곳은 경포대와 허균과 허난설헌의 기념관으로 유명하다. 둘러보고 싶은 생각이 간절하지만 일모도원(日暮途遠), 날은 저물어 가고 갈 길은 멀다. 다음을 약속하며 경포호를 관망하는 것으로 대신했다. 한 폭의 수묵화이다.

효자 박수량

사천진해변을 향해 발걸음을 재촉한다. 큰 도로를 걸어야한다. 무료함이 커질 무렵, 한길 아래에 예스런 건물이 눈길을 사로잡는다. 박수량지려(朴遂良之閭)라고 팻말이 알려준다. 박수량은 강릉 출신으로 조선 중기의 문신이다. 어려서부터 효성과 우애가 남달랐고, 과거에 합격하고서도 어머니에 대한 효도를 다하기 위해 벼슬에 연연하지 않았다고 한다. 전통시기, 효라는 덕목의 위상을 새삼 실감한다, 오늘날 우리에게 어떤 의미일까? 답을 채 얻지 못하였는데, 어느새 사천진해변에 도착! 그런데 로고가 약간 억지스럽다.

사천해변

• 한시의 근원을 찾아서

2013년부터 한시를 읽는 모임을 구성하여 꼬박 3년에 걸쳐 <고시원>이라는 책을 강독했다. 거의 1,000수에 달하는 작품을 꼼꼼히 읽었고, 이를 바탕으로 세 권의 책으로 펴냈다. 개인적으로는 산곡(散曲)으로 학위논문을 쓰면서 나 자신과 했던 약속(강물을 거슬러 수원지를 찾듯이 중국 시가의 흐름을 거슬러 올라가겠다는)을 지킨 셈이다. 한편 체계적으로 한시를 배우고자 하는 후학들의 요구에 부응하는 것이었다. 1권과 3권의 서문을 전재하여 '한시의 근원을 찾는' 시말을 되돌아본다.

클릭 한번이면 온갖 새로운 정보와 지식이 눈앞에 펼쳐지는 시대에 살고 있는 우리에게, 케케묵은 '옛것'들이 무슨 의미가 있을까? 하물며 '우리' 것도 아닌 '중국'의 구닥다리를 번역한 것임에랴! 이 책은 중국의 마지막 왕조인 청나라 시기, 심덕잠이 편찬한 <고시원>이라는 한시 선집을 고지식하게 풀어 옮긴 것이니, 그런 의심을 받아 마땅하다. 한편 그러나 나를 비춰주는 거울이 없다면 내 얼굴을 볼 수 없는 것처럼, 서구화된 물질문명에 묻혀 살고 있는 우리의 현재를 성찰하고 새로운 미래의 가능성을 탐색하고자 한다면, 지금이야말로 동양의 정신적 고전이라는 거울이 절실한 시점이리라.

만약 중국 고전문학을 대표하는 장르가 무엇이냐고 묻는다면 지체 없이 시라고 답하는 사람들이 많을 것이다. 다시 중국 고전시가를 대표하는 형식이 무엇이냐고 묻는다면 근체시 또는 당시(唐詩)

라고 답하는 사람이 많을 것이다. 맞는 말이다. 당시로 대표되는 중국 고전시가는 그 자체로 중국 고전문학 중 가장 중요한 장르일 뿐만 아니라, 희곡과 소설 그리고 산문에 이르기까지 다른 문학 장르에도 강력한 영향력을 발휘하고 있다. 예컨대, 중국 고전소설의 대미를 장식하는 <홍루몽>의 경우, 등장인물들이 읊는 시가 차지하는 비중은 거의 절대적이다. 마치 시를 읊기 위해 사건을 전개하고 있다는 느낌마저 들 정도이다. 또한 중국 고전연극을 감상할 때 이를 '본다(看戲)'라 하지 않고 '듣는다(聽戲)'라고 한다. 바로 노래를 듣는다는 것인데, 그 노래가 바로 시이니, 중국 고전연극, 즉 희곡에서 시가 차지하는 비중을 미루어 가름해볼 수 있겠다.

기실 시의 역할은 중국이라는 공간과 고전문학이라는 영역을 훌쩍 넘어선다. 전통시기, 시는 중국을 넘어서 동아시아 지역의 고급 소통 도구로 기능하였다. 공적이든 사적이든 각종 모임과 교류에서 시는 필수불가결한 것이었으므로, 중국은 물론이거니와 한국, 일본, 베트남 등에서 지식인이라면 시를 익혀야 했다. 중국으로 간 연행사도, 일본으로 간 통신사도, 시 한 수쯤 읊지 못한다면 아예 자격 미달이었다. 따라서 동아시아의 전통 시대를 이해하는 데 한시는 반드시 거쳐야 하는 관문 중 하나라 하겠다.

동아시아의 고급 소통 도구로 기능하였던 당시는, 심덕잠의 비유를 빌리자면, 커다란 '바다'이기 때문에 당연히 세인들의 주목이 집중되었다. 그러나 그 것만으로는 충분하지 않으니, 마땅히 강을 거슬러, 시내를 거쳐 그 수원지에 이르러야 한다고 심덕잠은 생각한다. 따라서 심덕잠은 멀리 시경(詩經)에 실리지 않은 고일(古逸)부터 당나라 직전 수나라의 시에 이르기까지, 그야말로 고시(古詩) 전반을 망라함으로써, 수원지로부터 바다에 이르는 중국 고전시가의 흐름을 제시하고 있다. 이러한 심덕잠의 저술 의도에 충분히 공감하기에, 본 역서는 우선 그의 모든 발언을 빠짐없이 번역하고 상세한 주석을 다는 것을 일차적 목표로 삼고 있다. 물론 심덕잠의 오류나 미흡한 점은 비판과 보완을 하였고, 아울러 각 작품마다 감상이라는 형식으로 독자적인 독해를 시도하였다.

"유심으로 심었던 꽃은 피지 않더니, 무심으로 꽂았던 버들이 그늘을 이루었네.(有心栽花花不開, 無心插柳柳成蔭.)"라는 말이 있듯이, 이 책도 처음부터 출간하려고 하였던 것은 아니었다. 한시 공부의 중요성을 절감하고 있던 참에, 어떤 계기가 있어 2년 전부터 몇몇 학우들과 <고시원>을 읽기 시작하였다. 매주 정기적으로 뚜벅뚜벅 걷다보니 어느새 제법 두툼한 책 분량이 되었다. 그동안 열심히 한 노력이 아깝다는 생각이 들었다. 그래서 그간의 결과물을 정리하고 보완하여 출간하기로 마음먹게 되었다. 후기에서 밝히고 있는 것처럼, 이 책은 여러 학우들의 발표와 토론을 기반으로 하고 있기에 먼저 감사의 뜻을 표한다. 특히 번잡한 교정을 기꺼이 맡아준 이수진, 김선유 학우에게는 따로 고맙다는 말을 전하고 싶다. 일일이 적시하지는 않았지만, 마땅히 사의를 표해야 할 사람이 많다. 만약 이 책이 동아시아 전통사회를 이해하고 미래적 가치를 찾는데 일조할 수 있다면 그 분들과 그 기쁨을 함께 나누고 싶다.

2015년 2월

퍽 오래 전 일이지만 난 그 때의 감격을 잊지 못한다, 그것은 충격이라고 불러도 좋을 정도로 강한 느낌이었다. 난생 처음 친구를 따라 천 미터가 넘는 산을 올랐었다. 등에 제법 묵직한 배낭을 메고 있었지만, 처음엔 설렘과 자신감으로 발걸음이 가벼웠다. 그런데 짐은 점점 무거워지고, 길은 점점 가파러 갔다. "꼭 가야하는 것은 아니잖아?" "누가 가라고 시켰어?" 망설임 끝에 결국 고개를 수그리고 나는 걷고 또 걸었다. 이 순간 내가 할 수 있는 유일한 일이 바로 걷기라도 되는 것처럼. 아무 것도 보지 않았다. 그저 발밑만 쳐다보고 걷고 걸었다. 어느 순간 내가 걷는 게 아니라 발걸음이 나를 데리고 가고 있다는 느낌이 들었다. 그러더니 갑자기 앞이 탁 트이면서 밝아졌다. "와!" 숨이 막힐 정도였다. 정상에 내가 서 있었던 것이다.

세 번째 ≪고시원≫ 번역본을 출간하게 되었다. 남북조와 수나라 시기의 작품 300여 수를 꼼꼼히 읽고 풀었다. 이로써 ≪고시원≫ 총 14권과 부록을 완역하게 되었다. 심덕잠의 표현을 빌리자면, 저 멀리 신화와 선진(先秦)시대의 '수원'에서 시작하여, 한나라 위진 남북조라는 '강'을 거쳐 마침내 당시(唐詩)라는 '바다'의 입구에 이르는, 긴 항해를 마침내 마친 셈이다. 주지하듯이 당나라 때 완성된 한시는 전통시기 동아시아의 국제적 소통 언어였다. 여러 민족과 국가의 수많은 배들이 자유롭게 오가는 '바다'였다. 그 '바다'의 형성 과정을 추적한 책이 바로 ≪고시원≫이다. 그래서 이 책의 부제를 "한시의 근원을 찾아서"라 하였다.

한시의 근원을 찾는 긴 여정을 마치는 이 순간, 30여 년 전 첫 등정 경험이 떠오른다. 고개 수그리고 걷고 또 걷다가 만난 그 감격, 아니 그 충격! 그러나 돌이켜보면 그 때 함께 걸어주었던 친구의 도움이 없었다면 그것은 언감생심의 일이었다. 마찬가지다. 함께 해준 분들, 그리고 도와주신 분들이 없었다면 ≪고시원≫을 완역하는 이 여정 역시 애초에 불가능하였으리라. 가슴 속 깊이 고마움을 늘 간직할 것이다. 고개 숙이고 걷다 보면 보지 못한 게 많게 마련이다. 이 책도 당연히 그럴 것이다. 여러 분들의 질정을 겸허히 청하고 싶다. 끝으로 누군가가 더 높은 산을 오르는 데 '우리'의 경험이 작은 도움이라도 되었으면 좋겠다.

2016년 8월

40 코스

사천진해변 ↔ 주문진해변

사천진해변 ⇄ 3.3km ⇆ 연곡해변 ⇄ 5.8km ⇆ 주문진항 ⇄ 3.6km ⇆ 주문진해변
총거리 12.7km

교문암

해다리 바위

연곡천 하구

드라마 주인공처럼

드라마 도깨비

고래를 인 수산시장

행인의 마음을 태운 그네

눈길을 끄는 경치가 이어진다. 차분히 감상할 여유가 없어 유감이다. 주마간산(走馬看山) 식으로 지나간다. 커다랗고 둥근 바위가 여태껏 보지 못한 자태를 뽐내고 있다. 교문암(蛟門岩)! 이 바위 아래 도사리고 있던 교산(蛟山)의 교룡(蛟龍)이 바위를 깨뜨리고 승천했는데, 그 모양이 문과 같다하여 생겨난 명칭이라 한다. 교산은 허균의 호이다. 형장(刑杖)으로 생을 마감했던 '풍운아' 허균도 용처럼 승천하였을까?

또 걷다보니 구름다리가 놓인 작은 바위섬이 보인다. 해다리바위이다. 물개를 이 지역에서는 해다리라 부른다. 그 바위섬에 물개가 많이 살아서, 그 울음소리가 멀리 떨어진 민가까지 들렸다고 한다. 그 물개들은 다 어디로 갔을까?

해파랑길을 걸으면서 바다 못지않게 내가 좋아하는 곳이 바로 기수(brackish water, 汽水) 지역이다. 민물과 바다가 만나는 곳, 달리 말하면 육지와 바다가 만나는 곳이다. 교류하는 현장인 셈이어서 나는 그 상징성이 좋다. 연곡천 하구 역시 전형적인 기수의 면모를 보여준다. 옹기종기 모여 쉬고 있는 새들! 물속에는 오르고 내리는 물고기들이 쉬고 있겠지.

다시 이어지는 바다 풍경, 짙푸른 물결이 넘실댄다.

"응? 저건 뭐지?"

어쩐지 익숙한 장면이다. 드라마 도깨비의 촬영지란다. 풋풋한 젊은이들이 사랑스럽다. 조금도 걸어가니 이번에는 '미워도 다시한번' 촬영지라는 푯말이 나온다. 천혜의 풍광이 이야기를 빚어내고, 그 이야기가 또 사람을 부른다. 사람과 풍광이 어울리니 금상첨화이다. 이런 것을 두고 또 천인합일(天人合一)이라 하겠지.

주문진항을 지나간다. 공룡처럼 거대한 고래를 머리에 인 주문진 수산시장이 손짓한다. 휙 둘러보고 다시 걸음을 재촉하니 주문진해변이다. 해변은 한적하다. 바람에 흔들리는 그네 홀로 바다를 독차지 하고 있다. 저 그네에 내가 앉아 있다고 상상하자 마치 시인이라도 된 것처럼 발걸음이 절로 가벼워진다.

• 고시원 독회

고시원 독회

우리 <고시원> 독회가 해를 거듭하면서 참여자가 늘어났다. 그만큼 관심을 갖는 자가 많았다는 의미이다. 마지막 제3권이 출간되자, 우리 지역의 대표적인 문화예술매거진 <예향>에서 다음과 같이 취재 기사를 실었다.

“한시(漢詩)는 일종의 ‘압축파일’과 같습니다. 다분히 개인적인 내용을 자신만의 독특한 언어로 압축하고 있지요. 도연명 시인이 묻고 있는 ‘벼슬을 할 건가, 아니면 자유로운 삶을 누릴 것인가’ 하는 문제는 대단히 보편적이지만 영원한 화두(話頭)잖아요. 한시는 가장 개성적인 언어로 인간의 보편적인 얘기를 진실하게 다루고 있습니다. <고시원>을 읽으면 현대사회의 문제점에 대한 답이 있을 수 있어요.” 청나라 때 문학자 심덕잠(1673-1769)이 선진(先秦) 시기부터 수나라까지의 시가(詩歌)를 엮은 방대한 분량의 한시 선집 <고시원(古詩源)>이 국내 최초로 완역됐다. 화제의 번역자는 사제지간인 양회석(59) 전남대 중어중문학과 교수와 제자 김희경(44. 중국고전시 전공·박사과정)씨. 양 교수는 2013년 7월부터 올해 6월까지 꼬박 3년에 걸쳐 석·박사과정 대학원생과 현직 중국어 교사 등등 40여 명과 함께 <고시원>에 실린 983수의 한시 원문을 토론을 거쳐 꼼꼼히 읽었다. 전남대 도서관이 소장하고 있는 강희 58년(1719년) 목판본을 저본으로 하고. 통행본(일반에게 널리 통하는 책)을 참조했다. 당초 출판을 염두에 두진 않았지만 그동안 열심히 한 노력이 아깝다는 생각이 들어 결과물을 정리하고 보완해 출간하게 됐다. 고대와 진, 한나라 때 한시를 수록한 1권이 지난해 1월 나왔고, 위·진 시대를 배경으로 하는 2권이 지난 2월에, 남북조 시대와 수나라 시기를 다룬 3권이 지난 8월에 나오며 대장정을 끝마쳤다. 이를 양 교수는 누가 가라고 시키지 않았지만 오르는 등산에, 김희경씨는 정말 쉼 없이 달려온 마라톤에 비유했다. <고시원>은 김씨의 박사학위논문 주제이기도 하다.

‘한시의 근원을 찾아서’라는 부제가 붙은 이 책은 원시 번역 외에

심덕잠의 원주(原註)와 역자 주, 시의 감상 포인트를 함께 실어 독자들의 이해를 돕는다. … 양 교수는 1981년부터 전남대에 부임한 이후 35년째 고향의 후학들을 양성하고 있다. 1991년 중어중문학과에 입학한 김희경씨는 석·박사를 하며 양 교수와 사제의 인연을 잇고 있다. 서문에서 "저 멀리 신화와 선진(先秦)시대의 '수원'(水源)에서 시작해 한나라, 위·진, 남북조라는 '강'을 거쳐 마침내 당시(唐詩)라는 '바다'의 입구에 이르는 긴 항해를 마침내 마친 셈"이라고 완역한 소감을 밝혔다. … <고시원>은 <시경>에 수록되지 않고 여러 문헌에 흩어져 있는 선진(先秦)시대 고일(古逸)인 <비석치기 노래(擊壤歌)>와 <한길의 노래(康衢謠)>를 시작으로 수나라 무명씨(無名氏)의 <계명가(鷄鳴歌)>에 이르기까지 방대한 분량의 한시를 수록하고 있다. … 작자는 왕을 비롯해 관리, 어부, 무명씨(無名氏), 여성 등 다양하고 주제 역시 인생의 희로애락과 자연애찬, 권력과 부조리에 대한 비판 등 다채롭다. 이 가운데 서사시가 돋보인다. "그리스 서사시와 중국 서사시가 어떤 차이가 있느냐 하면 그리스 서사시는 영웅들이 나와요. 그런데 중국 서사시는 평민들이 나와요. 소위 대중들의 삶이 서사시의 주인공이에요. 눈여겨 볼 대목이에요(양회석)." … "중국 통치자는 시를 통해서 백성을 이해하고, 좋은 시를 보급함으로써 백성들을 바르게 교화하려고 했어요. 이 두 가지 '피드백'을 시가 한다고 본 거죠. 한시는 중국을 넘어서 동아시아 지역의 고급 소통도구이기도 했죠. 중국에서는 부부 싸움도 시를 주고받았다고 그러죠.(웃음)"(양회석). … 양 교수는 학생들이 중국이나 일본 특정지역을 벗어나 아시아라는 폭넓은 시각을 갖고 연구할 수 있도록 '아시아문화 협동과정'을 개설했고, '아시아문화

연구소'를 설립하는 등 심혈을 기울이고 있다. 또한 지난 9월 2학기에 열린 강좌로 '도연명시' 원전강의를 시작하며 한시의 문향(文香)을 찾는 대장정에 다시 나섰다. 2016년 10월 <예향> Vol. 252

41 코스

주문진해변 ↔ 죽도정입구

주문진해변 ⇄ 1.6km ⇆ 향호 ⇄ 5.1km ⇆ 남애항 ⇄ 4.3km ⇆ 광진해변 ⇄ 1.2km ⇆ 죽도정입구 총거리 12.2km

소돌 아들바위공원

BTS 버스 정류장

이사부 기념비

남애항

양귀비 꽃길

구름다리

서핑 가게

동해는 서핑 중

작고 한적한 소돌항을 지난다. 작은 공원이 보인다. 아들바위공원이라 적혀 있다. 주문진의 명물이라는 등 장황한 설명을 건성건성 보아 넘긴다.

다시 해안가를 따라 길을 걷는다. 버스정류장이 불쑥 나타난다. 분명 찻길이 아닌데 웬 버스정류장이지? 더군다나 한 무리 사람들이 줄을 서서 순서대로 사진을 찍는다. 궁금해서 물었더니 갑갑하다는 표정으로 답한다.

"BTS 버스정류장인데, 모르셨어요?"

"모를 수도 있지."

자위하며 걷는다. 커다란 건물이 보인다. 마당에는 커다란 비석이 서있다. 우산국을 복속시킨 신라 장수 이사부! 그러고 보니 건물이 청소년해양수련관이다.

이제부터는 양양군으로 접어든다. 분명 바닷가인데 아주 길고 긴 담장이 처 있어 접근이 아예 불가하다. 대형 리조트를 짓고 있다고 한다. 국내 최대 규모라나 뭐라나. 아무튼 해파랑길을 걷고자 찾아온 나로서는 불만이다. 단조로운 찻길을 무료하게 걸어야 하기 때문이다. 그나마 다행인 것은 긴 담장만큼 긴 꽃밭에 양귀비가 활짝 피었다는 점이다. 꿩 대신 닭인가? 울며 겨자 먹기인가?

다시 바닷가. 남애해변이다. 멀리 남해항이 정겹고, 구름다리가 유혹한다. 길가에는 서핑가게가 줄을 잇는다. 서핑하는 사람이 이렇게 많은 줄 몰랐다. 드디어 이번 코스의 종점인 죽도정이 보인다. 제법 높은 파도에 몸을 맡긴 젊은이들로 바다가 넘실댄다. 젊은이의 천국인가 싶다. 순간 나는 당혹스러워진다. 홀로 이방인인 듯하다. 게다가 숙소는 모두 무인이고, 컴퓨터로 운영되고 있어 사용법을 알 수가 없다. 겨우 아날로그 식 민박 하나를 찾아 호텔 비용을 지불하고 잔다. 알고 보면 나도 국제적인 학자인데, 여기에서는 오랜 연식의 낡은 기계 신세이다.

• 중국희곡학자

중국 대륙의 출판사로부터 연락이 왔다. 대표적인 국내외 중국연극 연구자의 논문집을 출판할 계획이라는 것이다. 그동안 썼던 관

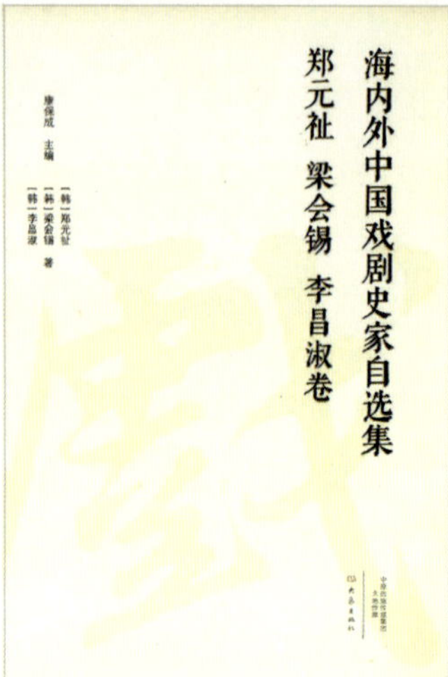

중국 발행 논문집

련 논문 목차를 보내달라는 요청에, 30여 편의 제목을 보냈다. 의외의 답장이 왔다. 그 중 일부만을 싣겠다는 것! 그마저도 선택 기준이 나와 완전히 달랐다. 내가 역점을 두었던 논문들은 대부분 출판하기 곤란하다고 한다. 원래 '자선(自選)', 즉 저자 본인이 선택한다고 해놓고는…. 은근히 자존심이 상한다. 망설림 끝에 울며 겨자 먹기로 허락한 뒤 서문에 이렇게 투덜댔다.

중국문학을 연구하기 시작한 이래, 희곡은 줄곧 내가 가장 관심을 두는 연구 영역 중의 하나였다. 내가 중국희곡을 연구하고자 하는 데는 충분한 이유가 있다.

첫째, 희곡은 중국전통문화를 포괄하는 종합예술이기 때문이다. 일반적으로 모든 연극은 종합예술이지만 중국희곡은 더욱 그러하다. 보통 예술은 시간예술과 공간예술로 나뉜다. 통상 양자는 하나로 합쳐지기 어렵다. 그러나 중국희곡은 양자에 각각 속하는 각종 예술을 유기적으로 결합한다. 예컨대, 시간예술에 속하는 음악, 무용, 가곡, 낭송, 연기 동작 등과 공간예술에 속하는 회화, 조소, 극본, 복식, 건축 등등을 중국희곡은 다 받아들인다. 단지 시간예술 측면에서 서구의 연극과 비교해 보자면, 대화를 위주로 하는 화극(話劇)과 다르고, 노래를 위주로 하는 가극(歌劇)이나 춤을 위주로 하는 무극(舞劇)과 다르다. 중국희곡은 노래(唱), 대화(念), 무용(做) 세 가지의 총합이기 때문이다. 뿐만 아니라 잡기(雜技)인 타(打)도 큰 몫을 차지한다. 있을 만한 것은 다 있다. 물론 무대 예술로서의 중국희곡은 공간예술 거의 모든 것을 다 종합한다. 일언이폐지(一言以蔽之)하여, 희곡은 중국문화의 집대성이라 하겠다.

둘째, 향유자의 측면에서 볼 때, 희곡만큼 큰 영향력을 보유한 문화 매체가 없다. 희곡의 관객은 아래로는 기층민부터 위로는 왕후장상에 이르기까지 사회 모든 계층을 포괄한다. 전통시기 중국의 경우, 말하기와 글쓰기는 현격한 차이가 있다. 시, 산문, 소설 등을 읽기 위해서는 일정한 문화적 소양이 요구된다. 따라서 이들 장르의 독자는 제한적일 수밖에 없다. 이와 반대로, 희곡은 무대 공연을 통하여 '들려주고' '보여준다.' 그러기에 어린아이부터 문맹인 백성까지 모두 충분히 즐길 수가 있다. 이 때문에 '아속공상(雅俗共賞)'은 희곡 작가의 일치된 목표였다. 이로써 보면 희곡이야말로 전 사회 계층이 함께 즐길 수 있는 유일한 문학 장르라고 할 수 있다.

셋째, 희곡은 현대 사회에서 그 정체성을 유지하고 있다는 점이다. 5·4 신문화운동 이래 중국의 고전문학은 아시아 다른 나라와 마찬가지로 자신의 전통과 결별하고 서구화의 길을 걷고 있다. 대표적인 예가 바로 시와 소설일 것이다. 그러나 중국희곡은 희곡의 본질을 계승하면서, 아울러 현대 생활에 성공적으로 적응하여 결합하고 있다. 비록 서구식 연극이 유입되었음에도 불구하고 자신의 정체성을 잃지 않고 있는 것이다. 한 서구 학자의 지적처럼 중국희곡과 서구 연극과의 성공적인 조우는 미래 인류를 위한 새로운 연극을 탄생시킬지도 모른다. 이로써 보면 중국희곡은 자국 문화를 지키는 보루이자, 새로운 인류문화를 창조할 귀중한 자산이라 하겠다. 내가 가장 관심을 두는 점이 바로 이것이다.

이상 세 가지 관점에서 나는 줄곧 중국희곡을 연구하고 적지 않은 논문을 써왔다. 그 중 일부가 중국 대륙에서 출간된다. 큰 영광이지만 아쉬운 것도 사실이다. 외국의 학자로서 내가 쓴 글이 중국의 독자를 만나게 됨은 당연히 기쁘다. 반면 아쉬운 것은 현대 희곡에 관한 글들, 예컨대 양판희(樣板戲), 희곡개혁운동(戲曲改革運動), 앙가(秧歌) 등이 수록되지 못한 점이다. 그저 중국희곡이 중국 전통문화의 보루이자 인류의 새로운 연극을 빚어낼 소중한 자산이라는 점을 잊지 않기를 바랄 뿐이다.

2018년 10월

42 코스

죽도정입구 ↔ 하조대해변

죽도정입구 ⇌ 5.0km ⇋ 38선휴게소 ⇌ 3.5km ⇋ 하조대 ⇌ 1.1km ⇋ 하조대전망대 ⇌ 0.3km ⇋ 하조대해변 총거리 9.9km

조형물도 서핑

서핑은 필수

참전기념탑과 충혼비

경찰전적비

38선

철책 너머 바다

꽃 심는 주민

바닷가이든 길가이든 서핑과 연관된 조형물과 선전물이 즐비하다. 심지어 양양을 벗어날 무렵, 4차선 도로를 가로질러 설치된 대형 간판에 이렇게 적혀 있다.

"말이 돼? 양양 서핑도 안 해보고"

우리나라에서도 서핑이 이미 인기 스포츠로 정착했다는 사실과 이러한 시대 변화에 내가 무척 둔감했다는 사실을 거듭 확인했다.

유감스럽게 길은 해안을 벗어나서 찻길만 이어진다. 그리고 언제부터인지 전쟁과 연관되는 기념물들이 빈번하게 보인다. '태국해군 참전 기념탑', '양양지구 전투초전충혼비', '경찰전적비' 등등.

다시 찻길에서 벗어나 바닷가로 내려섰더니 철책이 완강하게 가로막고 있다. 다시 도로로 올라서자 휴게소 입구에 38선 표지석이 우뚝 서 있다. 6·25, 38선 같은 무거운 단어들이 지친 몸을 더 무겁게 만든다.

아무튼 하조대에 도착했다. 그런데 이번에는 길이 갑자기 '남(南)'쪽으로 구부러진다. 되돌아간다는 의미이다. 몸도 마음도 지쳐가니 머뭇댈 수밖에 없다. 하조대 전망대로 가는 길의 입구에서 마침 꽃을 심고 있는 주민을 만났다. 방문객을 위해 심고 있다 하면서, 그리 멀지 않으니 꼭 가보라고 권유한다.

"가보지 않으면 두고두고 후회하실 건데."

"그래, 때로는 오던 길을 되돌아가야 할 때도 있는 법이지. 노자도 '되돌아감이 도의 작동이다.'(40장)라고 하였으니 말이다."

• 노자의 재발견

노자에 관심이 있는 사람들의 요구에 호응하여 함께 읽어왔다.

소수 몇 사람에서 점점 많아져 규모가 커지고, 그 기간도 길어졌다. 교학상장의 기회가 그만큼 커졌다는 의미이다. 교학(教學)이 상장(相長)하는 소중한 지적 경험을 <文으로 읽는 노자 도덕경>이라는 이름으로 출판했다. 그것은 한마디로 인류가 그 동안 잊어버렸던 것을 재발견하는 기쁨이었다. 응당 가야할 곳으로 되돌아가는 그 기쁨을 <잊어버린 것에 대하여>라는 제목으로 서문에 적었다.

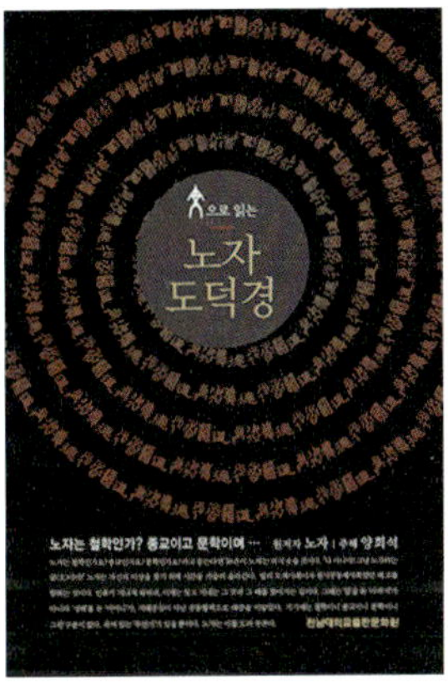

▲ 노자 독회

◀ 문으로 읽는 노자 도덕경

요즘 노자를 읽고 있노라면 행복하다. 마치 좋은 일이 있으면 자랑하지 않고서는 못 배기는 아이처럼, 심지어 그 행복감을 나누고 싶어진다. 이제는 기억조차 잘 나지 않을 정도로 오래 전부터 노자를 접해왔는데, 왜 새삼 노자 읽기가 행복해지는 것일까? 흔히 말하듯이 나이가 들어서 노자가 좋아진 것만은 아니리라. 어쩌면 이제야 노자의 진면목을 알게 되었는지도 모르겠다.

노자는 자타가 공인하는 중국을 대표하는 철학서이다. 크게는 우주의 기원부터 작게는 세상 사는 지혜에 이르기까지, 근본적이고 중요한 문제들을 노자는 체계적으로 기술하고 있다. 노자가 총 81장으로 이루어진다는 점부터 범상치가 않다. 궁극의 숫자인 '9'를 거듭하면 81이 되기 때문이다. 중국어에 "구구귀일(九九歸一)"이라는 말이 있는데, "돌고 돌아 원점으로 돌아간다."는 뜻이다. 모든 것들이 돌아가는 곳, 그것이 바로 도일 터이다. 노자는 바로 그 도와 그것의 구현인 덕을 다루고 있다. 그래서 도덕경이라고도 불린다. 81장의 노자는 제1장 첫 글자인 '도(道)'로 시작하여, 제81장 마지막 단어인 '부쟁(不爭)'으로 끝난다. 합치면 "도는 다투지 않는다."는 완정한 문장이 된다. 한마디로 노자는 다투지 않고 사는 철학을 들려주고 있다. 그래서인지 노자를 읽고 있노라면 내 마음속에 다툼이 없어진다. 조금은 더 지혜로워지는 듯하다.

그러나 노자를 철학에 국한시키면 안 된다. 그러는 순간 노자를 읽는 재미가 반감될 뿐 아니라 심지어 오독(誤讀)하는 우를 범하게 된다. 노자는 책을 마무리하는 제81장에서 "미더운 말은 꾸미지 않고(信言不美), 꾸민 말은 미덥지 못하네(美言不信)."라고 밝히고 있다. 이는 우회적으로 자신의 책이 "믿음의 말(信言)"이자 "아름다움의 말(美言)"임을 선언한 바이다.

그렇다! 노자는 일차적으로 "믿음의 말"이다. 제62장에 의하면 노자가 상정하는 도는 종교적 성소(聖所)와 같은 곳이다. 삼라만상이 기도하는 곳으로, 잘하는 자(善)와 잘하지 못하는 자(不善)를 아울러 감싸준다. 그렇기에 도를 체득하고 실행하는 성인은 맹수 따위가 감히 범접하지 못하는 '갓난아이'로서(제55장), 가보지 않고서도 알고 보지 않고서도 이름을 부르는 신통력을 소유하는 것이다(제47장). 또 죽어도 없어지지 않아 진정한 장수를 누리게 된다(제

33장). 이런 점에서 보자면 노자는 철학보다는 종교에 오히려 가깝다고 할 수 있다. 그래서인지 노자를 읽고 있노라면 내 마음 속이 어느새 든든해진다. 삶과 존재에 대한 미더움이 커지는 것이리라.

또한 노자는 "아름다움의 말"이다. 노자는 자유롭게 쓴 산문이 아니라 거의 전체가 '아름답게' 꾸민 운문이다. 절대다수의 문구가 운을 밟고 있으며, 또 대구, 끝말잇기, 비유 등 각종 수사법을 활용하고 있다. 물론 이들 수사기교가 단순히 문장을 장식하기 위한 것은 아니다. 대부분 전달하고자 하는 내용과 절묘하게 융합되어 있다. 제51장이 대표적인 예이다. 노자는 아름다운 운율을 활용하여 도를 예찬한다. 도는 만물을 생(生)·장(長)·정(亭)·양(養)하고 또 휵(畜)·육(育)·독(毒)·복(覆)한다. 전자는 모두 비음(ng)으로 끝나 마치 '응 응'하듯이 부드러운 반면 후자는 모두 입성(k)으로 끝나 흡사 '떽 떽' 하듯이 단호하다. 추우면 '호' 불어주고 뜨거우면 '후' 불어주는 어머니의 입김을 떠올리게 한다. 이렇듯 도는 강하기도 하고 여리기도 하는 법이다. 노자는 도의 이치를 운율로 형상화함으로써 읽는 이로 하여금 그 운행을 온 몸으로 느끼게 해준다. 이처럼 노자는 어느 문학 작품에도 뒤지지 않는 글 솜씨를 보여준다. 그래서인지 노자를 읽고 있노라면 내 마음 속이 어느덧 아름다워지는 느낌이 든다. 노자의 숨겨진 매력이 아닐 수 없다.

노자는 철학인가요? 종교인가요? 문학인가요? 라고 묻는다면 '늙은이 노자'는 피식 웃을 것이다. "다 아니야! 그냥 노자라는 글(文)이야!" 노자는 자신의 이상을 찾기 위해 시간을 거슬러 올라간다. 멀리 모계사회이자 원시공동체사회였던 태고를 향하는 것이다. 인류가 지나쳐 와버려, 이제는 잊고 지내는 그 곳과 그 때를 찾아가는 길이다. 그때는 '칼'을 든 '아버지'가 아니라 '성배'를 든 '어머니'가, 지배중심(dominator)이 아닌 공동협력(partnership)으로 대중을 이끌었다. 거기에는 철학이니 종교이니 문학이니 그런 구분이 없다. 섞여 있는 '무언가'가 있을 뿐이다. 노자는 이를 도라 부른다. 그 '무언가'의 경지에서는 '없음(無)'과 '있음(有)'이 하나로서, 서로 갈마든다. 둘이면서 하나인 세계이다.

그렇기에 '가르는' 것 못지않게 '합치는' 것이 중요하고, '나가는' 것 못지않게 '돌아오는' 것이 중요하다. 또한 '강함' '굳셈' '높음'보다는 '약함' '연함' '낮음'이 우선되어야 한다. 간단히 말해 '남성성'보다는 오히려 '여성성'이 절실하다는 사실을 노자는 글(文)로써 일깨워주고 있을 뿐이다. 왜냐하면 인류가 그것을 잊고 지내고 있기 때문이다. 물론 이 때의 글은 단순한 문학의 '문'만이 아니다. 갑골문과 금문에서 '문'은 문신을 한 사람의 가슴을 본뜨고 있다(표지의 ). 이런 '문'으로 나는 요즘 노자를 읽는다. 그러면 문신을 하고 있는 '옛 사람'을 만나게 된다. 그 '옛 사람'은 인류의 '어린 시절'이자, 내가 오랫동안 잊고 지냈던 또 하나의 '나'라는 생각이 든다. 소중한 '나'를 다시 찾은 셈이니 행복함이 당연하다. 여러 사람에게 권하고 싶어질 정도로.

이 책이 나오는 데 도움을 주었던 사람들이 많다. 특히 그동안 노자를 함께 읽어왔던 교내외 수강생들, 그리고 꼼꼼히 교정을 봐준 동학들에게 감사의 마음을 전한다. 다들 도를 좋아하는 사람들이니 일일이 거명하지 않는다. 그저 노자가 주는 선물인, '지혜로움', '미더움', '아름다움'이 함께 하여서 늘 행복하기를 바랄 뿐이다.

2018년 저물어가는 용봉골에서

43 코스

하조대해변 ↔ 수산항

하조대해변 ⇄ 4.3km ⇆ 여운포교 ⇄ 2.2km ⇆ 동호해변 ⇄ 2.9km ⇆ 수산항 총거리 9.4km

하조대

바다 절벽 그리고 소나무

너를 닮았으면

산 너머 공항

하얀 카페

수산항

참 잘했다. 하조대는 꼭 보아야 할 곳이었다. 조선 개국 초기에 낙향한 두 선비, 하륜과 조준이 세웠고, 그들의 성씨를 따서 하조대라고 명명했단다. 솔숲 끝자락에서 넘실대는 파도를 굽어보는 누대의 자태가 당당하다. 그러나 진짜 압권은 누대 앞 기암절벽 바위 위에 홀로 서 있는 소나무였다. 수령이 200년을 넘겼다고 한다. 하조대의 주인은 누대가 아니라 저 외솔이리라. 먼 후손들도 두고두고 볼 수 있기를 기원하면서 한참을 바라다보았다, 무한한 에너지가 충전되는 기분이다. 아마도 중국의 시인 이백(李白)이 경정산(敬亭山)을 바라보던 느낌이 이러했을 것 같다.

相看兩不厭(상간양불염)　　마주봐도 서로 물리지 않는 건
只有敬亭山(지유경정산)　　그저 저 경정산이 있을 뿐이지

나는 이백이 되어 외솔을 경정산 삼아 시간 가는 줄 모르고 마주보았다. 적극적으로 가보라고 권유했던, 꽃 심던 분이 고마웠다. 되돌아 나오면서 감사를 드리고 싶어 찾았지만 아쉽게도 귀가했는지 보이지 않는다.

다시 하조대해변을 걷는다. 해변이 끝나는 곳, 소나무 숲이 이어

진다. 한적한 시골길, 건너편 산자락에 '양양국제공항'이란 글씨가 선명하다. 고향 광주로 가는 직항편도 있다. 나의 귀갓길을 책임져 줄 관문이다. 해파랑길 50코스 중 이미 40코스를 넘었으니, 서서히 마무리 지을 때가 되어간다. 여전히 마음 한 구석이 아려온다. 길가 멋진 카페가 유혹하지만 썩 내키지 않는다. 훌쩍 자식 곁을 떠나신 어머님에 대한 그리움과 죄송함이 가시지 않는 탓이다. 내 마음을 조금이라도 달래주려나, 자그마한 어항이 반겨 맞아준다. 수산항이다. 먼 하늘에는 구름이 무심코 떠가고 있다. 구름을 보면 특별히 생각나는 게 있다. 정율성과 망부운이다.

• 망부운

망부운

한반도의 백의민족에게 망부석이 있다면, 중국의 소수민족인 백족(白族)에게는 망부운이 있다. 돌아오지 않는 낭군(夫)을 하염없이 바라보다(望) 그대로 돌(石)이 되어버린 여인! 이것이 망부석이다. 망부운도 기본적으로 같다. 다만 돌 대신 구름(雲)으로 변한다는 점이 다를 뿐이어서, 망부운이라는 말이 우리에게 낯설지가 않다. 게다가 항일음악가인 정율성(1914-1976)이 이를 소재로 동명의 오페라를 창작하였기에 더욱 관심을 끈다.

정율성은 한반도에서 태어나 주로 중국에서 활동하였던, 항일투사이자 음악가이다. 우리의 입장에서 보면 그는 '항일' 음악가이고,

중국의 입장에서 보면 '혁명' 음악가이다. 특히 중국에서는 그를 중국의 3대 혁명음악가로 평가하고 있다. 그러한 그가 '애절한 사랑'을 다룬 오페라를 썼다! 이 사실을 아는 사람은 많지 않다. 더군다나 그 오페라의 제재가 '특별'하다는 점을 아는 사람은 거의 없다. 정율성은 왜 하필이면 한민족이 사는 한반도와 정반대쪽에 살고 있는 소수민족 백족의 민간설화를 주목했던 것일까?

백족의 민간설화로서 망부운에는 '소수'민족의 애잔한 자화상이 서려 있다면, 정율성의 오페라에는 아련한 조국을 향한 간절한 무엇인가가 담겨 있다. 아무튼 민간설화이든 오페라이든 망부운은 많은 이야기를 들려준다. 그리고 그것은 지금의 우리를 돌아보게 한다.

처음 정율성에 대해 관심을 갖게 된 것은 20년쯤 전이었다. 이곳 광주에서 태어나 중국 대륙을 누빈, 그의 파란만장한 삶과 왕성한 예술 활동은 나를 단번에 사로잡았다. 그를 소개하는 글을 썼다. 당시 이 지역 교육계의 수장이셨던 장인이 보시고 크게 반기셨다.

"이렇게 훌륭한 분이 계셨다니 … 그를 널리 알리고 기념해야겠구나."

얼마 후, 장인의 목소리가 걱정스럽게 바뀌셨다.

"북한 군가도 지었다면서야…, 빨갱이라고 욕하는 사람도 있더라."

다행히 사회 분위기가 유연해지면서, 정율성을 기념하는 음악회나 학술대회가 그의 고향인 이곳 광주에서 열리기 시작하였다. 자연스럽게 그에 대한 인지도가 높아졌다. 나는 기회가 있을 때마다 주장했다. 그의 미망인이 살아 계실 적에 그의 유물을 이곳으로 옮겨오고 기념관도 설립합시다! 그러나 여전히 모두들 조심스러웠다. 그러는 사이에 2009년 중국 하얼빈에 기념관이 설립되고 모든 유물은 그곳으로 옮겨가고 말았다.

아무튼 정율성을 주제로 하는 음악회와 학술대회 등이 꾸준히 개최되면서 보다 많은 사람들이 그를 주목하게 되었다. 심지어 '생가' 논쟁마저 벌어질 정도였다. 그러나 사회 일각에서는 여전히 못마땅하게 여기는 시선이 존재했다. 구태의연한 색깔 논쟁은 말할 것도 없거니와, 그는 중국과 북한의 군가를 지은 특별한 음악가일 뿐, 음악적 수준은 높지 않다는 등등.

음악에 대해서는 문외한이기에 나로서는 그의 음악을 예술적으로 평가할 수 없었다. 나는 다만 그의 삶의 궤적과 그 의미를 좀 더 찾아보려고 노력하였다. 이 때 눈에 띈 것이 바로 오페라 <망부운>이었다. 나는 이 <망부운>을 통해서 그의 깊은 내면을 들여다 볼 수 있으리라고 기대하였다. 그래서 그것과 관련하여 3편의 논문(수정 보완하여 이 책 4장, 5장, 6장에 수록함)을 썼다. 예상대로 <망부운>은 많은 것을 시사해주었다. 정율성의 오페라로서는 물론이고, 백족 민간설화로서도 <망부운>은 시공간적으로 넓고 깊은 이야기를 간직하고 있었다.

그러자 행운이 찾아왔다. 나의 존경하는 벗, 임해철 교수를 만난 것이다. 엄청난 '대환(大患)'을 몸에 품고 있음에도 불구하고, 임 교수는 음악에 대해서라면 그의 열정이 활화산 같았다. 그 역시 오페라 <망부운>을 주목하였다. 천군만마를 얻은 기분이었다. 마침내 우리는 정율성 선생의 외동딸로부터 <망부운> 악보를 건네받았다.

2017년 1월 23일! 그리고 일련의 후속 작업들이 임 교수의 열정적인 지휘 아래 속속 진행되었다. 이제는 정갑균 예술감독이 이끄는 여러 예술가들에 의해 무대에 오르게 되었다.

정율성 선생이 이 곳 광주에서 태어난 지 100년이 넘어갔다. 잃어버린 조국에서 태어나서, 고향을 떠나 대부분의 삶을 중국에서 보냈던 정율성! 그는 끝내 고향 땅 광주를 밟지 못했다. 어쩌면 고향 그리는 구름이 되어서 돌아온 것은 아닐까? 그나마 그의 파란만장한 삶과 꿈이 오롯이 담긴 오페라 <망부운>이 고향 무대에서 재현되니 다행이다. 이제 그에 대한 마음의 짐을 내려놓을 수 있을 것 같다. 살아계셨다면 장인께서도 기뻐하셨을 것 같다.

이 책이 나오는 데, 나의 첫 번째 독자로서 언제나 든든한 조언을 아끼지 않는 아내 안윤주의 도움이 컸다. 또 전남대학교 아시아문화협동과정의 이희라 동학 역시 큰 힘이 되었다. 사실 이 후기를 읽고 있는 모든 분들에게 진심으로 감사의 말씀을 드리고 싶다.

2019년 2월 8일

44 코스

수산항 ↔ 설악해맞이공원

수산항 ⇄ 5.4km ⇆ 낙산해변 ⇄ 1.3km ⇆ 낙산사입구 ⇄ 1.8km ⇆ 설악해변 ⇄ 4.2km ⇆ 설악해맞이공원 총거리 12.7km

남대천 하구

낙산사 보타전

홍련암

돌담과 돌탑

몽돌 소리 들으며

황금 연어

노부부

오래전부터 가보고 싶었던 낙산사에 들릴 요량이어서 들뜬 발걸음을 부지런히 옮긴다. 기대에 조바심이 나서인지 유달리 멀고 지루하다. 수산항에서 낙산사로 가는 길은 대부분이 차와 자전거가

달리는 일반 도로이다. 무료하여 짜증이 난다. 길가 따라 쭉 심어져 있는 해당화 꽃이 피어 있어 그나마 다행이다.

양양 남대천을 가로지르는 낙산대교가 나온다. 멀리 남대천 하구가 바다와 만나고 있다. 우리나라로 회귀하는 연어의 대부분이 이곳으로 온다고 하니, 어쩐지 활기가 솟는 기분이다. 드디어 다시 바닷가를 걷는다. 적막이 주인 노릇을 하고 있지만 그래도 드넓은 모래사장과 바다가 반갑다.

간단히 요기를 하고 낙산사를 향한다. 입구 언덕 위에 성황당이 보인다. 새로 지은 것 같다. 원래 저 자리에 저런 모습이었을까? 위풍당당한 낙산사의 보타전, 어마어마한 크기의 해수관음상을 둘러보면서, 상대적으로 초라하기 그지없었던 성황당이 안쓰러워진다. 하지만 의상대사가 관음보살을 친견하고 세웠다는 홍련암에서 바라보는 바다가 숨이 막힐 정도로 멋지다. 사찰을 내려오는 길, 참배객들이 쌓아놓은 작은 돌탑에 담긴 소망이 궁금해진다.

도로를 한참 걸어 다시 바닷가로 나왔다. 몽돌 소리가 아름답다. 귀가 호강하는 길이다. 게다가 잘 가꾸어진 덱 길이어서 발걸음이 절로 가벼워진다. 군대 초소 위에 설치된 작은 전망대! 대부분 초소들은 접근금지이거나 사진 촬영 금지였던 것에 비하니 그냥 스칠 수가 없다. 잠시 올라가, 남북한으로 분열된 지금의 아픔이 애잔한 추억이 될 날이 어서 오기를 축원한다.

다시 걷기 시작한다. 황금 연어 조형이 나를 전송한다. 양양이 끝나고 속초로 접어드는 것이다. 설악해맞이공원이 맞는다. 해변은 역시 고즈넉하다. 멀리 소나무 몇 그루 사이에 흔들 그네 의자가 놓여있다. 노부부가 앉아 있다.

"저분들이 나의 부모님이라면 얼마나 좋을까? 무릉도원(武陵桃源)도 부럽지 않을 텐데."

부질없는 환상이지만 발걸음이 떨어지지 않는다.

• 도연명 전집

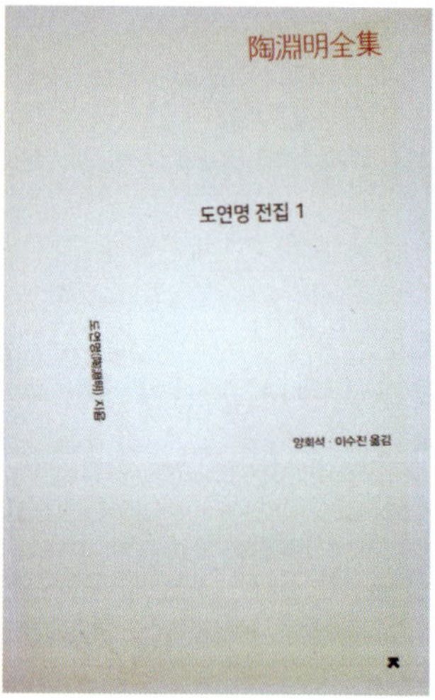

도연명 전집1

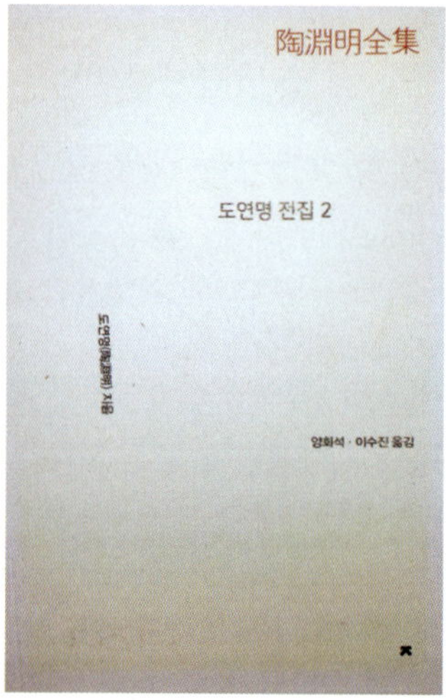

도연명 전집2

한시를 읽는 모임은 <고시원>에 이어 <도연명 전집>으로 이어졌다. 역시 꼼꼼히 꾸준히 함께 읽었다. 그 교학상장의 결과를 두 권으로 나누어 출간했다. <21세기, 다시 읽는 도연명>이라는 제목으로 긴 해설을 썼다. 그 처음과 끝 대목을 옮겨온다.

중국은 시국(詩國)으로 불린다. 당(唐: 618-907) 시기의 시 작품을 모아놓은 ≪전당시(全唐詩)≫만 보더라도 이천이백 여 명의 사만팔천구백 여 수가 실려 있으니 '시의 나라'라는 호칭이 결코 과하지가 않다. 멀리 주(周: BC1046-BC256)의 ≪시경(詩經)≫부터 마지막 왕조 청(淸: 1616-1911)에 이르기까지 시는 중국 고전문학의 대표이자 정통문화를 상징하는 장르였다. 따라서 대대로 기라성 같은 시인들이 즐비하다. 이들 중에는 대륙을 넘어서 동아시아 여러 국가와 민족까지 널리 알려진 시인도 적지 않다. 예컨대 당나라를 대표하는 시선(詩仙) 이백(李白)과 시성(詩聖) 두보(杜甫), 송나라의 대문호 소식(蘇軾) 등이 자연스럽게 떠오를 터이지만, 그들에 앞서서 도연명(陶淵明)이 있었다는 사실을 결코 잊어서는 안 된다. 이백의 시 속에 나오는 술과 대자연에는 도연명의 자취가 완연하거니와, 소식은 이른바 <화도시(和陶詩)>로써 도연명의 거의 모든 작품에 겸허하게 화답하였으니 말이다. 중국만이 아니었다. 한반도는 물론이요, 섬나라 일본에서도 수많은 문인들이 <화도시>로써 도연명에 대한 존모(尊慕)하는 마음을 표하였다. 뿐만 아니라 도연명의 영향력은 문학의 범주를 넘어서는 것이었다. 조선 초기 '최고의 명화'로 꼽히는 안견(安堅)의 <몽유도원도(夢遊桃源圖)>가 도연명의 <도화원기(桃花源記)>를 모티브로 하고 있는 데서 알 수 있듯이, 그의 삶이나 문학작품을 제재로 하는 회화가 동아시아 삼국에 걸쳐 크게 유행하였다. 요컨대 전통 시대에 도연명은 동아시아의 명사였던 셈이다. … 중략 …

기실 도연명의 시문에는 세 가지 사유가 늘 교차하고 있다. 영예와 잇속이 유혹하는 '현실사회'와 도(道)가 고스란한 '대자연' 그리고 생사를 숙명으로 하는 '인생'에 대한 깊고 넓은 사유가 서로 맞물리면서 빚어내는 것이 도연명의 문학작품이다. 심원(深遠)한 사유의 결과물임에도 평이하게 읽히는 것은 그가 당시 유행인 꾸며대는 글쓰기의 타성을 거부하고, 그저 잘 익은 생각을 가식 없이 드러내고 있기 때문이다. 장자(莊子)의 표현을 빌리자면, “그는 아마도 내심이 충실하여 (쓰는 것을) 멈출 수 없었으리라!(彼其充實不可以已. <天下>)”라 하겠다.

최초로 도연명의 문집을 편찬하였던 소명태자(昭明太子) 소통(蕭統: 501-531)은 그 서문에서, 도연명의 글을 읽으면 “인의를 실천하는 데만” 그치지 않고, “노자(老子)를 멀리 찾으려고 수고하지 않게 될 터”라고 밝히고 있다. 도연명의 글을 읽다보면 유가는 물론 도가까지를 섭렵할 수 있다는 의미이다. 중국 고전 문화의 정수를 만끽할 수 있다는 뜻이다. 많은 중국의 문인들이 그러하듯이, 젊을 때의 도연명은 유가적인 성향이 강하고, 나이 들어가면서 도가적인 성향이 점점 강해지지만, 전체적으로 보면 역시 노자적인 면모가 주류를 이룬다.

쉽고 평범한 말로 깊고 넓은 사유의 정수를 담아내고 있으니, 그의 시문은 “피갈회옥(披褐懷玉, 거친 베옷을 걸치고 옥을 가슴에 품다. ≪老子≫ 70장)”이라 불러도 좋겠다. 억지로 꾸며대지 않는 어휘가 거친 베옷이라면 깊고 넓은 사유의 정수는 품은 옥일 터이니 말이다. 선구자적인 예지를 감추고 농부와 함께 땀을 흘렸으니, 그의 삶은 “화광동진(和光同塵, 빛을 부드럽게 하고 티끌과 함께 한다. ≪老子≫ 56장)”이라 불러도 좋겠다. 자신의 광채를 부드럽게 하여 세상 사람들과 먼지를 함께 하며 길을 걸었으니 말이다. 또 그가 꿈꾸었고, 훗날 동아시아인의 유토피아가 된 ‘무릉도원’은 노자의 “소국과민(小國寡民, 국토를 작게 하고 백성을 적게 하다. 80

장)"을 멋지게 문학적으로 형상화한 것이다.

여기서 도연명과 노자의 연관성 여부가 중요한 것이 아니다. 그들이 현실을 꿰뚫어 보고 꿈꾸었던 세계가 21세기를 살고 있는 우리에게 여전히 유효하다는 사실, 아니 더욱 더 절실하다는 사실이 중요하다. 진정한 삶다운 삶을 찾아 '농촌'과 '도시'이에서 방황하고 있다면, 웰빙(well-being)과 웰다잉(well-dying)을 하고 싶다면, 1500년도 넘는 옛적에 선각자로 앞서서 이 길을 걸었던 도연명을 만나보기를 권하고 싶다. 그의 시문을 읽고 있노라면 도연명이 눈앞에 나타나 빙그레 웃으리라.

"돌아오세요, 전원으로! 잘 오셨어요, 무릉도원으로!"

전공자뿐만 아니라 많은 일반 독자들이 함께 이 책을 읽을 수 있었으면 좋겠다. 이런 의미에서 일반 독자의 시선으로 초고를 꼼꼼히 읽고 섬세한 조언을 해준 아내 안 윤주에게 감사의 마음을 특별히 전하고 싶다. 가족은 언제나 지치지 않게 나에게 힘을 준다. 물론 이 책이 나오기까지 여러 사람의 도움이 있었다. 감사하는 마음은 후기에 담는다.

2019년 12월 21일

45 코스

설악해맞이공원 ↔ 장사항

설악해맞이공원 ⇄ 5.5km ⇆ 아바이마을 ⇄ 2.1km ⇆ 속초등대전망대 ⇄ 4.1km ⇆ 영랑호범바위앞 ⇄ 5.0km ⇆ 장사항 총거리 16.7km

외웅치항과 대형리조트

밀려난 성황당

약동하는 돌고래

수영 금지 구역

◀ 아바이 벽화마을

▲ 아바이 마을 벽화

▲ 영금정

영금 조형물 ▶

영랑호

비 예보에 잔뜩 긴장하고 숙소를 나섰다. 다행히 흐릴 뿐이다. 왼발 뒤꿈치 안쪽에 물집이 생겨 걸음이 편치 않다. 마무리 단계에 들어서면서 서두르고 있는 조급함에 대한 경고로 받아들이며 감사한 마음으로 걷는다.

이른 새벽, 작은 항구는 한적하다. 외옹치(外瓮峙) 항구이다. 한자로 된 명칭이 어색하다. 항아리 같은 지형과 관련이 있나 보다. 항구 뒤쪽에는 커다란 대형 리조트가 위압적으로 서 있다. 한쪽 모퉁이로 쫓겨난 성황당이 애처롭다. 한자어 지명에 밀려난 토박이말처럼.

속초해변 역시 여느 동해안처럼 시원시원하게 펼쳐져 있다. 팔딱팔딱 뛰는 돌고래 조형이 아니더라도 생동감이 넘친다. 풍덩 뛰어

들고 싶은데 '수영금지' 팻말이 찬물을 끼얹는다. 이안류가 발생하는 지역이어서 위험하다는 것! 평온한 물결 아래 물놀이 하는 사람을 끌고 들어가는 역류(逆流)가 도사리고 있다니, 여의치 않는 세상사를 보는 것 같다. 그러고 보니, 여기가 바로 1970년대 세간을 뒤흔들었던 '무장공비 침투사건'이 발생하였던 곳이라 한다.

우리 사회의 최대 이안류가 남북한 분열이 아닐까 생각하면서 터벅터벅 걷는다. 나를 기다리는 것은 '아바이마을', 함경도 출신 실향민들의 집단촌이라고 한다. 벽화들이 나를 먹먹하게 만든다.

> 누구나 자신만의 보따리 하나 쯤 있지 난리 통에 떠나온 고향의 추억 보따리 고향 그리운 마음 동여메고 열심히 살아보게 만든 희망보따리

나지막한 담장 너머로 할머니와 눈이 마주쳤다. "어서 가우" 하며 손사래 치신다. 순간 당황스럽다. 아마도 "서둘러 가던 길 잘 가시오."라는 의미이리라.

설악대교를 건넜다. 청초호(靑草湖)를 지나온 것이다. 원래 민물을 담고 있었던 석호(潟湖)인데, 이제는 수로를 넓히고 깊게 판 덕(?)에 바닷물 호수가 되었다고 한다. 대형 크루즈선이 정박 중인 속초항을 지나쳐 영금정(靈琴亭)을 찾아 나선다. 파도가 석벽에 부딪힐 때면 마치 거문고 같은 신비한 소리가 울리는 곳이라 하니 호기심이 클 수밖에 없다. 우선 경관은 멋지나 파도 소리가 유별난 것은 아니다. 일제강점기에 속초항 개발을 위한 석재 반출로 바위들이 파괴된 탓이라는 설명을 읽으니 씁쓸하다.

속초등대 앞에 앉아 잠시 쉬어본다. 속초8경 중 제1경이라지만, 이미 지친 발걸음이 꼼짝하지 않는다.

“등대가 아니라 등대에서 보는 경치가 제1경이겠지.”

라고 자위하면서 과감히 포기한다. 멀리 영금정이 보이고, 신령한 거문고의 조형물도 보인다. 줄 없는 거문고, ‘무현금(無絃琴)’을 어루만졌던 도연명(陶淵明)처럼, 등대에 오르지 않고 눈을 감고서 멀리 동해의 물결을 바라볼 따름이다.

또 다른 석호인 영랑호가 나의 발길을 붙잡는다. 호수의 물이 제법 바다로 잘 통하고 있다. 역으로 바닷물도 밀물 때면 호수로 흘러 들어가겠지. 호수와 바다가 원활하게 소통하는 모습이 보기 좋아 한참을 쳐다보고 서 있었다. 이번 코스의 종점인 장사항도 멀지 않으니 서두를 일 없다.

• 도연명 독회

도연명 독회

도연명은 우리나라에서도 그 인지도가 매우 높다. 그럼에도 불구하고 그의 전집을 온전하게, 그리고 치밀하게 주해한 책은 아직 없다. 우리의 <도연명 전집 1>과 <도연명 전집 2>가 아마도 처음일 것이다. 이 역시 꾸준한 독회의 산물이다. 달리 말하자면 교학상장의 성과이다. 그 과정을 공저자 이수진 선생이 후기에 담았다.

"도연명의 글을 제대로 읽은 자라면, 치달리며 다투는 마음이 사라지고, 더럽고 인색한 생각이 없어질 것이다. 탐욕스러운 사람은 청렴해질 수 있고 나약한 사람은 뜻을 세울 수 있다." 남북조 시대 태자이자 문학가인 소통(蕭統)이 도연명 문집을 만들며 남긴 말이다.

2015년 <고시원(古詩源)> 강독에 참여하여 그 안에 선별적으로 포함되었던 도연명의 작품을 만난 것으로부터 시작하여 이후 그 밖의 전체 작품을 번역하는 과정에 정리자로 참여하면서 도연명의 글을 제대로 만나보는 복을 누리게 되었다. 이전에 나는 도연명의 작품이라면 <귀거래사(歸去來辭)>나 <도화원기(桃花源記)> 정도의 유명한 작품만 겉핥기식으로 알고 있었다. 하지만 이후 <술주(述酒)>와 같은 난해시를 포함하여, 세상을 떠나기 두 달 전 스스로에게 쓴 제문인 <자제문(自祭文)>, 산해경을 읽고 쓴 <독산해경(讀山海經)>, '지(止)'자를 매 구마다 넣어 재미있게 쓴 <지주(止酒)> 등 그의 모든 시와 문장을 접하며 도연명의 깊은 마음을 헤아려보고, 다양한 면모를 알게 되었다.

현재를 살아가면서 동시대의 많은 사람들과 교류하지만 마주하는 겉모습과 일상적인 대화를 통해 상대방에 대해 잘 이해하고 공감했다고 말하기 어려울 때가 있다. 하지만 도연명은 비록 지금으로부터 1500년 전의 과거에 살았던 사람이지만, 그가 평생에 남긴 작품, 진솔한 마음이 담긴 글을 보면서, 나는 오히려 깊이 있는 만남을 나눈 것처럼 생각되어 그 결과 내 자신이 큰 영향을 받게 되었음을 느낄 수 있었다.

그의 작품을 정리하며 한 줄의 문구가 혹은 한 편의 시가 마음에 들어오면 그것을 즐기는 마음을 좀 더 길게 갖고자 하는 생각이 들 때가 많았다. 그럴 때면 그 구절을 마음에 지니고 천천히 걷기도 하고, 햇살 드는 곳에 앉아 생각하기도 하고, 원문을 필사하고 가지고 다니다가 기억나지 않으면 다시 들여다보기도 했다. 그렇게 도연명과 함께 하는 시간을 보내며 덕분에 조급해지는 마음은 느긋함으로 돌아오고, 더 바라던 마음은 소박함에도 편안해질 수 있는 힘을 갖게 되었다.

내가 이렇게 도연명의 작품을 만나고 그의 글을 좋아할 수 있게 된 것은 양회석 교수님의 가르침 덕분이다. 교수님께서는 도연명을 만날 수 있도록 다리를 놓아주셨다. 작품 원문과 역주 해석, 시대적 배경 속 작품의 전체적 의미 풀이의 순서로 진행된 교수님과의 수업은 문과(文科)와 이과(理科)의 통합적 수업이라고 여겨졌는데, 압운을 따지는 부분과 시어(詩語) 매 낱글자의 쓰임을 꼼꼼히 분석해 주시는 부분은 이과적이고, 역사적 배경과 인문학적 상상력이 더해진 작품의 풀이는 문과적이라고 생각되었다. 그렇게 수업을 마치고 나면 무미건조했던 작품들이 명쾌해지며 생명을 얻은 듯 살아나서 마음에 청량감과 소박한 기쁨을 주었다. 매 작품이 끝나면 수업한 내용을 바탕으로 원문과 역주를 정리하고 해설을 달았다. <고시원(古詩源)>에서 이미 다룬 도연명의 작품은 많은 부분 그대로 인용하였다.

도연명의 작품을 번역하는 짧지 않은 기간 동안 함께한 동학들이 있다. 역시 학문에 대한 열정을 품고 도연명을 만나고자 모인 분들이다. 수업 전 각자 번역해 온 내용을 나누고 수업 중 함께 배우며 유대감을 느끼고, 번역이 거의 마무리 되어가는 8월에는 더위 속에도 몇 일간 모여 전체 작품을 강독하는 시간을 갖기도 했다.

강별, 김순희, 박경령, 최순희(이상 전남대 대학원 중문과) 김희경, 이경일(이상 전남대 중문과 강의교수), 김경숙, 노금선, 박현금, 양승천, 양형란, 이혜인, 임귀남, 장안영, 정옥경, 최승식, 최형태(이상 전남대 대학원 한문번역협동과정), 김대오, 이맹로(이상 중국어 교사), 이상호(한문 교사), 김봉오(국어 교사), 이태영(시교육청 장학사), 오원만(전남대 치과대학 교수).

함께 공부하고, 책이 나오기까지 검토 수정해 주신 분들이다. 이 분들과는 시간적으로는 지금으로부터 약 1500년을 거슬러 올라간 300년~400년대, 공간적으로는 중국 남북조시대 동진(東晋)과 송(宋)나라에 걸쳐 살았던 한 시인에 대한 공통의 공감대를 형성하여, 그 이야기를 안주 삼아 술 한 잔 기울일 수 있는 소중한 인연이다.

이 <완역 도연명 전집>이 도연명을 만나고자 하는 모든 분들에게 좋은 매개물이 될 수 있기를 바란다.

2019년 11월 13일 이수진

46 코스

장사항 ↔ 삼포해변

장사항 ⇌ 6.5km ⇋ 청간정 ⇌ 3.7km ⇋ 천학정 ⇌ 1.0km ⇋ 능파대 ⇌ 3.8km ⇋ 삼포해변 총거리 15km

금강산?!

런던버스?!

청간정

장사항을 벗어나 찻길을 걷는다. 멀리 큼직한 이정표가 도로 위에 걸려 있다. 순간 가슴이 뭉클해진다.

금강산!

고성군 경계를 알리는 표지이다. 이번 행인기행도 막바지로 접어드는가 싶어, 조바심이 인다. 어머니에 대한 먹먹함이 여전하기 때문이다.

다시 해변으로 내려섰다. 작은 하천이 바다로 흘러가는데, 혼탁하고 부유물이 가득이다. 인근에는 하수처리장 확장 공사가 한창이지만, 대도시에서 흘러온 것도 아닐 텐데, 못마땅한 생각이 불끈 치밀어 오른다. 사후 처치보다 사전 예방을 할 수 없을까?

"아니 이건 또 뭐야?"

웬 '런던 버스'가 해안에 딱하고 버티고 있다. 대형 리조트의 선전물이다. 이곳은 휴전선을 따라 개설된 평화누리길과 통하는 지역이라 하니 런던 버스가 더 생뚱맞다.

포토 박스와 시계탑이 인상적인 천진해변을 걷는다. 멀리 청간정이 보인다. 어쩐지 어서 오라고 나에게 손짓하는 것 같다. 관동팔경의 하나여서 그럴까? 절로 발걸음이 빨라진다. 예감이 적중했다. 기가 막힌 경치 속에서 나는 어머님을 만났다. 훌쩍 우리 곁을 떠나신 어머님의 마음을 이해하게 된 것이다. 그리고 어머님 삶의 위대한 진면목도 제대로 느끼게 되었다.

발걸음이 한결 가볍다. 통통 몸이 튀어 오를 것 같다. 천학정(天鶴亭)을 바라보며 한 마리 학이라도 된 느낌이다. 아니지, 내가 아니고 어머님이 천학이 되셨을 게야? 30kg 대왕문어로 끓여낸 '문어국밥'을 난생 처음 먹으면서 나는 행복한 미소를 지었다. 물론 이번 여정의 종점인 삼포해변도 멀게 느껴지지 않았다.

천학정

문어국밥

삼포 해변

• 어머니

청간정에 앉아 바다를 내려 보고 있었다. 그야말로 '창해'가 가없이 펼쳐져 있다. 그런데 왜 '청간'정이지. 다시 내려다보니, 오른쪽 아래로 '청간(淸澗)', 즉 맑은 시내가 흘러들고 있다. 정자를 감싸고 돌아나가더니, 모래사장을 조심조심 흘러내려 바다로 들어간다. 청간정의 주인은 '청간'이었다. 나는 순간 깨달았다. 저 것이 바로 어머니의 삶이라는 사실을! 어머님은 '청간'처럼 세상을 사시다가 조심스레 겸허하게 '창해'로 돌아가셨던 것이다.

"어쨌든 형제간에 우애하고 잘 살아야 한다." 라는 말씀을 유난히 강조하시던 어느 날 새벽 어머님은 혼자 훌쩍 우리 곁을 떠나셨다. 그 순간 어머님은 무슨 생각을 하셨을까? 이제는 알 것 같다. 스스로 돌아가실 준비를 하셨다는 걸! 어머님은 동네 어른이 돌아가시면 '좋은 일'을 많이 하셨으니 '좋은 곳'으로 가실 거라는 말씀을 늘 하셨거니와, 이제는 당신도 그러하시리라고. 그립기는 하지만 더 이상 슬프지 않다.

청간정의 맑은 시내

바다로 흘러드는 맑은 시내

몇 년 전 한림대학교 생사학연구소에서 생사에 관한 글을 써달라는 부탁을 받았다. <그저 돌아가는 것이니: 죽음에 대한 동양철학의 답변>이란 제목인데, 나는 서두에서 어머니를 다음과 같이 회상했었다.

어릴 적 언젠가 들었던 구급차의 요란한 사이렌 소리를 아직도 잊지 못합니다. 아주 이른 새벽이었습니다. 곤히 잠든 동네 사람들을 다 깨울 정도로 사이렌 소리가 요란했습니다.

"쯧쯧, 돌아가시나 보다."

서울로 치료를 받으러 가셨던 이웃 어르신이 산소 호흡기를 낀 채 대절한 구급차를 밤새 타고서 '돌아가시기 위해' 집으로 오신 것입니다.

"어디로 돌아가시는데요?"

"좋은 데로 가신단다."

"그런데 왜 집으로 돌아오셨어요?"

"집에서 돌아가셔야 넋이 기억하고 돌아와 제삿밥을 먹을 수 있단다."

영문을 몰라 하는 나에게 어머님은 자상하게 설명하셨습니다. 법

없이도 사실 그 분은 좋은 일을 많이 하셨으니 좋은 데로 가실 것이라고 하시면서 조상님들이 계신 곳으로 돌아가셨다가, 제삿날이나 명절 때는 떠난 집으로 돌아와 차린 음식을 잡수신다는 것입니다. 때문에 집을 떠나 객지에서 죽은 '객사(客死)'야말로 불행 중의 큰 불행이라고 하셨습니다.

삶과 죽음의 대화

돌아가시기 바로 전까지 나는 퇴근길마다 어머니께 전화를 드려 하루를 보고 했었다. 머잖아 40년 직장 생활을 마무리하려는데 보고 드릴 수가 없다. 먹먹한 가슴으로 걷고 걸었다. 이제 얼마쯤 알 것 같다. 그리고 당신이 평소 늘 하시던 말씀대로 '좋은 데'로 가셨다고 확신한다. 청간정에서 느낀 바이다. 해파랑길이 내게 준 가장 큰 선물이다. 이제 남은 것은 당신의 말씀대로 내가 '잘' 하는 일뿐이다. 좋은 일 많이 하다가 좋은 데로 돌아갈 뿐이다. 어머니처럼 말이다.

47 코스

삼포해변 ↔ 가진항

삼포해변 ⇌ 3.2km ⇋ 송지호철새관망타워 ⇌ 3.0km ⇋ 왕곡한옥마을 ⇌ 3.5km ⇋ 가진항 총거리 9.7km

송지호해수욕장

송지호

우리는 하나: 동해북부선

블라디보스톡 795킬로

▲ 비 온 뒤 햇살

철책을 뚫는 햇살처럼 ▶

서핑의 메카, 삼포 해수욕장이라는 입간판을 뒤로 하고 걷기 시작했다. 언제부터 서핑의 메카가 됐을꼬? 아직 서핑이 낯선 내게 바다는 그저 아름다운 풍광일 뿐이다. 해수욕 손님을 아직 받지 않은 송지호해수욕장, 자연 그대로 모습이여서 더욱 아름답다.

해안 반대편으로 도로 너머에 송지호가 있다. 바닷고기와 민물고기가 함께 서식하는 석호로, 고니를 비롯한 겨울철새도 많이 도래하는 곳이어서 철새 관망타워가 우뚝 솟아있다. 탐방로와 보조 시설도 잘 갖추어져 있지만, 나의 눈길을 사로잡는 것은 따로 있다. 동해북부선 유적이다. 한때 시원하게 동해안을 내달렸을 철도인데 이제 흔적만 남았다. 송지호 역 팻말, 블라디보스톡 795km 이정표, 철망에 매달린 "we are one"이라는 구호 등등. 쉽게 발이 떨어지지 않는다.

다시 해변으로 내려섰다. 비가 온 뒤의 바다, 햇살이 더욱 눈부시다. 철책이 가로막은 해변도 눈부시기는 마찬가지다. 저 철조망을 뚫는 햇살처럼 남북한이 오락가락이라도 할 수 있으면 참으로 좋겠다. 넓지 않은 영토와 많지 않은 인구, 그 마저 두 토막 난 우리의 현실! 이를 노자(老子)의 '소국과민(小國寡民)'인 양 착각하고 사는 게 아닌지 돌이켜 볼 일이다.

• 아름다운 글 성스러운 길

<文으로 읽는 노자 도덕경> 출간 후, 주위의 권유를 따라 노자를 강의하는 시민강좌를 진행했다. 기대 이상으로 반응이 좋았다. 크고 작은 의견이 제기되었고, 따라서 노자에 대한 나의 인식도 한층

노자 도덕경

깊어졌다. 당연히 교학상장의 덕분이다. 그 소중한 경험을 바탕으로, 기존의 것을 적지 않게 보완하여 새 역해를 출간했다. <노자를 읽는 새로운 시각>이라는 긴 해설도 달았다. 마무리 부분만 다시 읽어본다.

지방 시골 출신으로 중앙 도성에서 하급관리를 지낸 노자라는 인물이 아름다운 말로 성스러운 길을 제시하고 있는 것이 오늘날 우리가 보고 있는 노자 텍스트이다. 그러나 그것이 처음부터 책으로서 저술된 것이 아니었다. 먼저 구술되었고, 그것이 대중 사회에서 한동안 구전되다가 마침내 책으로 정착되었다고 필자는 상정한다. 노자 텍스트의 글쓰기/말하기가 농후한 구술성과 대중성을 지니고 있기 때문이다. 때문에 노자의 아름다운 말은 자연스럽고 친근한 느낌을 준다. 한편 노자의 사상은 민간신앙

시민강좌: 노자를 읽다

에 기반을 두면서도 그것을 철학적 경지로 승화하였기 때문에, 노자가 제기하고 있는 성스러운 길에는 종교적 신비와 이성적 예지가 사이좋게 공존하고 있다. 이 또한 노자의 농후한 대중적 기반과 무관하지 않다.

노자가 활동하던 춘추시대는 천자의 권위가 추락하고 여러 제후국이 서로 '부국강병(富國强兵)'을 외치고 있었다. 국토를 넓히고(富國) 인구를 늘리는(强兵) 것이 사회적 최대 관심사여서, '잘 싸우는 법'을 너나나나 할 것 없이 주장했다. 그러나 노자는 정반대의 길을 걸었다. 싸우지 말고, 차라리 '소국과민(小國寡民)', 즉 작은 국토와 적은 인구를 주창했었던 것이다(제80장). 이러한 그의 주장에 대해 비현실적인 한갓 몽상일 뿐이라고 배척하였던 사람도 많았었고(예컨대 사마천이 지적하였듯이 유학을 배우고 노자를 배척했던 경우), 또 오늘날에도 같은 생각을 하는 사람들이 적지 않을 것이다. 하지만, 동아시아의 유토피아라 할 수 있는 '무릉도원(武陵桃源)'이 바로 '소국과민'을 도연명(陶淵明 352~427)이 문학적으로 형상화한 것이라는 사실을 우리는 기억해야 한다. 최소한 대중 '민초'의 각도에서 보면 '부국강병'을 위한 전쟁 따위는 언제나 엄청난 재앙에 불과하였음에 틀림없다. 아울러 '소국과민'의 현재적 의미도 되새겨보아야 한다. 예를 들자면, 수십 개 나라로 나누어져 있는 유럽 대륙과 거대 국가 하나가 군림하고 있는 중국이나 미국 대륙을 비교하면서 어느 것이 미래 인류에게 더 바람직한 모델인지 말이다.

노자의 주장을 한 구절로 집약하여 "도를 믿는 자는 도가 하는 일을 저도 할 것이요."라고 한다면 구태의연한 종교설교에 불과하다고 여기는 사람들이 많을 것이다. 또 노자의 처음과 마지막 단어를 합치면 "도부쟁(道不爭)", 즉 "도는 다투지 않는 것이다."가 된다는 사실을 강조한다면, 경쟁이야말로 가장 효율적이고 합리적인 인간의 수단이라고 여기는 사람들은 도저히 수긍하지 못할 것이다. 그러나 여기서 우리는 기억해야 한다. "이성을 배제하는 것과 이성 외에는 아무 것도 받아들이지 않는 것은 똑같이 위험한 양극 극단이다(Pascal Pensées)."라는 지적을. 완전히 이성에 반하는 사이비 종교의 '현혹'과 이성을 내세우는 사회적 강자의 '폭력'에 동시에 시달려야 하는 현대인에게 노자의 '성스러운 길'이 하나의 대안이 될 수 없을까? 노자의 도가 종교적 전망과 이성적 예지를 아울러 제시하고 있으니 말이다.

48 코스

가진항 ↔ 거진항

가진항 ⇌ 4.1km ⇋ 남천교 ⇌ 5.0km ⇋ 북천철교 ⇌ 7.5km ⇋ 거진항 총거리 16.6km

남천

잘 정비된 보도

생태탐방로

<>

북천 철교

거진항

소녀의 이름을 연상시키는 가진항을 뒤로 하고 소년의 이름을 닮은 거진항을 향해 출발했다. 그러고 보니 가진과 거진, 두 항구의 이름이 비슷하다. 휴전선에 가까워지기 때문인지 길은 대부분 바닷가를 벗어나 있다. 남천이라는 제법 수량이 풍부한 하천 둑을 따라 걸으면서 여기도 연어가 올라오나 하고 궁금했다. 참 신기하다. 산책 중인 주민 한 분이 말을 걸어오는데, 아내가 광주 사람이라고 반겨주니 말이다. 물론 연어가 올라온다는 사실도 알려줬다. 궁금증이 풀렸다.

다시 단조로운 도로를 걸었다. 다행히 찻길 가에 보도가 개설되어 있어서 안전은 걱정하지 않았다. 한참 걷다보니, 길가 오른쪽으로 갈대밭이 펼쳐졌다. 내지 쪽 민물이 바닷가 모래톱에 막혀 습지를 이루는 곳이리라. 그곳 생태 탐방로를 좀 걸어보기로 했다. 순천만 갈대밭을 걷는 기분이었다. 규모는 차이가 있지만, 바람이 내는 건지 갈대가 내는 건지, 사각거리는 소리를 들으며 모처럼 여유 있는 산책을 즐겼다. 이제 갈 길을 가려고 돌아서려는데, 출구가 보이지 않는다. 결국 갈대밭을 무질러서 힘들게 나왔다. 안타까웠다. 이렇게 좋은 풍광을 즐기는 이가 없으니 표시판이 망가져도 방치했겠지 싶다. 아니 '통일'전망대를 향하는 인적이 드물어서 그런 것 같아 더욱 안타깝다.

북천철교!

일제 강점기 시절, 자원 수탈을 목적으로 개설한 원산~양양 간 동해북부선 철교인데, 6·25 당시에는 북한군의 군수물자 운반을 저지하려고 아군이 폭파시킨 비극의 역사 흔적이라고 한다. '평화누리길'라는 표지처럼 언제 평화로운 천지를 누릴 수 있을까?

다시 멀리 거진항이 보이는 해파랑길을 걸었다. 국토종주 동해안 자전거길의 북천철교 인증센터가 붉은 색 전화박스처럼 서있다. 그 옆으로 육중한 다리가 거진항을 향하고 있다. 다리를 걸으며 걸어온 길을 되돌아보고 가야할 길을 바라다보았다. 다리는 오가는 인적이 없고 텅 비어 있다.

인증센터와 다리

다리를 넘어

• 책장 비우기

빈 책장

2022년 2월 28일 퇴임 일자가 초읽기에 들어간 듯하다. 어느 날 오후, 연구실을 가득 메운 책장을 바라보며 멍하니 앉아 있었다.

"아참, 저 책들을 어떻게 하지?"

어렵게 구했던 많은 책들이 순간 아까워진다. 그렇다고 들고 나갈 수도 없는 일! 집에 그럴만한 공간 자체가 없다. 한때는 애지중지하던 애물(愛物)인데 갑자기 애물단지로 전락한 기분이다.

"도서관에 기증할까?"

도서관도 포화여서 환영하지 않는다는 말을 들었거니와, 설사 받아준들 밀집 서고에 차곡차곡 쌓여 먼지만 뒤집어쓸 게 뻔하다.

"그래, 필요한 동료나 후학들에게 미리 나눠 줘버리자."

소뿔도 단김에 빼랬다! 널리 공지하여 마음대로 뽑아가게 했다. 일부는 아예 복도로 내놓았다. 눈치 보지 않도록 해주고 싶어서이다.

책장이 비워간다. 잠시 기분이 묘하다. 서운한 것도 같고 시원한 것도 같다. 결국 흐뭇해진다. 노자 한 구절(48장)이 생각난다.

> 배움을 하면 날로 늘여야 하고, 도를 하면 날로 줄여야 하지.
> (爲學日益, 爲道日損.)

책은 공부하는 후학에게 나눠주고, 나는 '길'을 찾아 나서야겠다.

마침내 연구실이 휑해졌다. 이번에는 장자 한 구절이 생각난다.

> 빈방이어야 하얀 빛이 생기지.(虛室生白. <人間世>)

잡동사니가 가득 찬 방에는 빛이 들어오지 못한다. 방을 비워야 밝은 빛이 들어온다. 그러고 보니 연구실이 '휑'한 게 아니라 '훤'하다. 여태껏 느껴보지 못한 광경이다. 절로 미소가 지어진다. 다시 노자의 한 구절(81장)이 생각난다.

> 이미 남에게 주니, 자신은 더욱 많게 되네.(旣以與人, 己愈多.)

내 것을 주어버리니 더욱 부자가 되는 느낌, 참으로 소중한 체험이다. 오랫동안 간직하고 싶다. 텅 빈 책장을 보면 볼수록 마음이 환해진다.

49 코스

거진항 ↔ 통일안보공원

거진항 ⇌ 3.4km ⇋ 응봉 ⇌ 1.6km ⇋ 김일성별장 ⇌ 4.6km ⇋ 대진항 ⇌ 1.9km ⇋ 금강산콘도 ⇌ 0.8km ⇋ 통일안보공원 총거리 12.3km16.6km

명태 떠난 거진항

전망대

해+파랑 길

거북 속의 거북섬

김일성별장

이승만별장

화진포 해변의 맑은 물

화진포 호수의 푸근한 물

가로막힌 호수와 바다

일찌감치 통일전망대를 향하고 있는 마음인지라 거진항을 스치듯이 지나간다. 바삐 서두름에도 불구하고 눈에 확 띄는 것이 있다. 명태! 도처가 명태 벽화와 조형물이다. 한때 명태의 고향으로 불렸던 시절을 추억하고 있는 모양이다. 그렇게 흔하던 동해의 명태들은 다 어디 갔을까? 남북한이 갈라져 싸우는 모습이 보기 싫어 사라진 걸까? 문뜩 엉뚱한 생각이 떠오른다. 명태가 돌아오면 통일될까? 아니면 통일되는 날 명태가 돌아올까?

명태가 사라진 바다이건만 다행히 바다는 여전히 아름답다. 멀리 바다로 뻗은 전망대를 마음으로 올라본다. 오늘 따라 햇빛도 물빛도 유난히 곱다. 명실상부한 '해+파랑' 길이다. 아쉽게도 눈 호강은 짧았다. 길이 산속으로 들어가 우회한다. 그리고 아무런 변화 없이 단조롭게 이어진다. 반나절을 걷노라니 단조로워 더욱 멀게 느껴지고 지치게 한다.

드디어 도착한 화진포 호수와 해변! 단연 최고의 경치이다. 거북이 형상을 한 작은 섬이 앙증스럽게 보이는데, '광개토왕릉'이라는 전설이 있다고 한다. 믿거나 말거나지만, 바닥이 훤히 들여다보이는 영롱한 물빛은 여느 곳과 달라 경이로울 정도이다.

바닷가에는 김일성 별장이 있고, 호숫가에는 이승만 별장이 있다. 김일성 별장은 원래 서양 선교사가 지은 것으로 과하지 않을 정도의 규모이다. 대한민국 초대 대통령의 별장치고는 이승만 별장도 작고 소박하다. 한국전쟁 뒤 착잡한 심정으로 지어서 그런지도 모르겠다. 아무튼 나는 두 별장을 둘러보며, 너무나 아름다운 경치 속에 농축되어 있는 한반도의 현대사가 마음을 무겁게 눌렀다. 그들은 '민족 해방의 영웅'인가? 아니면 '민족 분열의 원흉'인가?

화진포 해변과 호수를 둘러보고 발길을 돌리려는데, 민물과 바닷물이 서로 갈라져 있는 모습이 눈에 들어온다. 저토록 맑은 바다,

동화마을 같은 대진항

저토록 포근한 호수이건만, 서로 떨어져 쳐다보고만 있다. 만나지 못해 안타깝겠지만, 그래도 큰바람이 불면 넘나들겠지. 남과 북은 언제나 자유롭게 오락가락 할까?

멀리 보이던 대진항이 가까워진다. 동화의 나라에 온 듯이 아기자기 아름답게 꾸며져 있다. 너무나 아름다워 더 서글펐던 화진포의 감회를 달래주려고 그러는가 싶다.

해파랑길 종주를 자축하며

사실상 오늘은 해파랑길 종주를 마무리하는 날이다. 회 한 접시에 소주 한 병, 조촐하게 자축했다. 이제 집으로 돌아가서 나의 교학상장 40년의 마무리 작업인 <장자> 책 출간을 꼭 해내리라고 내친김에 다짐했다.

• 장자 유감

장자가 기서(奇書) 중의 기서라는 평이 허언이 아닌가 보다. 무려 네 학기에 걸친 대학원 수업과 보강을 하여 장자를 완독하였지만 여전히 풀리지 않는 부분이 있으니 말이다. 생각을 바꿨다. 장자 전체를 한 번에 역해하는 것은 무리! 장자 사상의 핵심인 <내편>만을 우선 집중적으로 분석하고 정리해보자. 생각이 옳았다. 장자가 우리에게 들려주고자 하는 목소리가 뚜렷하게 들려오기 시작한 것이다.

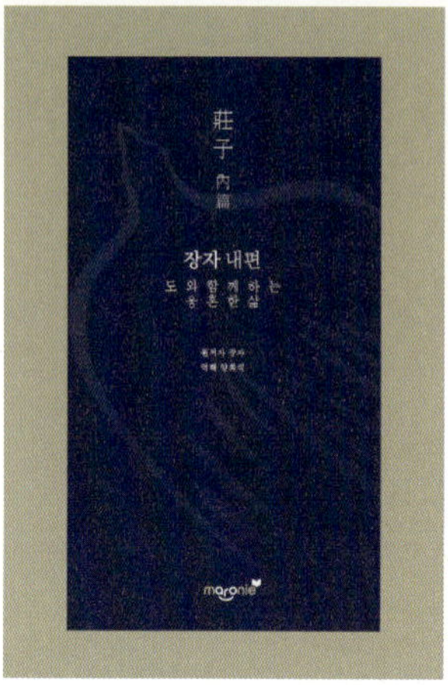

장자 내편

결코 기서가 아니었다. 그의 사상은 원래 하나의 정교한 체계를 이루고 있었다. 그것도 명쾌하게. 우선 이를 책으로 내면서, 그 과정을 후기에 적었다.

장자는 나에게 매우 특별한 책이다. 가장 오랫동안 인연을 맺고 있다는 점에서 그렇고, 즐거움과 괴로움을 동시에 준다는 점에서 그렇다.

장자와의 첫 만남은 대학에 막 입학하던 때였다. 태어나 처음으로 고향을 떠난 유학길, 면학의 각오를 다짐하며 교재와 노트를 샀다. 그 노트 표지에 다음과 같은 장자의 문구가 적혀 있었다.

> 吾生也有涯 우리의 삶은 끝이 있거늘,
> 오생야유애
> 而知也無涯 알아야 할 것은 끝없구나.
> 이지야무애
>
> <장자(莊子)> <양생주(養生主)>

마음에 확 와 닿았다. “예술은 길고 인생은 짧다.”라는 말을 떠올리며, “우리가 알아야 할 지식은 무한한 반면 우리의 수명은 유한하니, 촌음을 다투어 공부하라.” 라는 의미라고 여겼다. 얼마나 시간이 지났을까? 장자 책을 찾아 해당 부분을 읽어보았다. 이어지는 내용은 내 생각과 전혀 달랐다.

장자 수업 종강

> 유한한 삶으로 무한한 지식을 따른다면, 피곤할 따름이지. 그런데도 지식을 도모한다면, 더욱 피곤하고 말뿐이지.

요컨대 유한한 삶으로 무한한 지식을 추구하는 행위는 사람을 피곤하게 만드니 그저 어리석은 짓에 지나지 않는다는 의미이다. 충격 그 자체였다. 지식을 버리라는 것이 바로 대학 신입생에게 주는 구호였으니 말이다.

본격적으로 장자를 읽어보기로 했다. 수천 리里 길이의 곤(鯤)이라는 물고기가 붕(鵬)이라는 새가 되어 구만 리 창공을 웅비한다는 기상천외의 이야기로 시작되는 장자의 서두는 그야말로 한편의 판타지 소설을 읽는 듯이 흥미로웠다. 그러나 그것도 잠시, 점점 무슨 의미인지 알쏭달쏭 해지더니, <제물론(齊物論)>에 들어서자 재미는 커녕 아무리 읽고 읽어도 도대체 무슨 말을 하고 있는지 알 수가 없었다. 결국 장자 책을 내팽개쳐 버렸다.

그 뒤 학부와 대학원에서 중국고전문학을 수학하는 동안, 나는 장자를 몇 번이나 들었다 놓았다 했는지 모른다. 뿐만 아니라, 연구자로서 또 교육자로서 대학에 근무해오는 동안에도 여러 차례 장자 독해를 시도했다. 상황은 크게 달라지지 않았다. 국내외 권위 있는 번역본과 해설서를 두루 찾아 읽어도 시원하게 읽히지 않은 곳이 도처에 널려 있었다. 특히 <제물론>은 여전히 난공불락의 요새처럼 좀처럼 풀리지 않았다.

"다들 아는데 나만 이해하지 못하는 것일까?"

자괴감마저 들 정도로 답답했다. 그러다가 문득 드는 생각!

"혹 기존 역해가 잘못된 것은 아닐까?"

곁에서 이런 모습을 안타깝게 지켜보던 아내가 제안하였다.

"당신이 직접 역해를 써보지 그러세요. 덕분에 비전문가인 우리도 읽을 수 있도록 말이죠."

기실 오래 전부터 나는 장자 해독을 위한 준비를 해오고 있던 참이었다. 장자 사상의 원류라고 할 수 있는 노자 도덕경을 이해하는 데 온힘을 쏟았고 그 결과를 단행본으로 출간하였다. 또한 세계 종교적 관점에서 도가와 유가 사상을 규명하는 논문들을 쓰면서 장자 해독을 위한 기반을 넓히고자 노력해왔었다. 때마침 아내의 격려에 힘입어 마침내 작심했다.

"그래 내 시각으로 장자를 풀어보자. 내가 읽어 이해할 수 있는 책을 만들어보자."

교학상장(敎學相長)의 위력을 나는 잘 알고 있다. 가르치기 위해 배웠고, 배우기 위해 가르쳐 왔던 오랜 경험의 산물이다.

"차라리 대학원 수업으로 장자를 강독해버리자."

이렇게 시작한 장자 강의가 어느덧 네 학기를 채웠다. 예상은 적중했다. 확실히 효과가 있었다. 나 자신이 이해하지 않고서는 가르칠 수가 없기 때문에 몰두하고 몰두한 결과, 그동안 막혔던 대목들이 풀리기 시작했다. 아울러 장자의 목소리도 생생하게 들려왔다. 특히 장자 본인이 자신의 완숙한 사상을 체계화한 것으로 알려진 내편 7편에서 나는 그의 우렁찬 외침을 뚜렷하게 들었다.

> "인간이라면 도와 함께 하는 웅혼雄渾한 삶을 살아야 하고, 또 그럴 수 있다!"

는 메시지였다. 여기서 웅혼함은 정신적 역량이 웅대하되 세상과 혼연일체가 된다는 뜻이다. 그런 사람을 장자는 지인(至人), 신인(神人), 성인(聖人)이라고 부르는데 모두 도의 경지에서 노니는 자로서 대종사(大宗師), 즉 대중의 위대한 스승이다. 대중은 대종사를 본받아 도와 함께 할 때 가장 이상적인 삶을 누리게 된다. 사실 장자가 우리에게 제시하고 있는 대종사들은 기본적으로 특별한 사회적 지위나 경제적 능력을 갖고 있지 않다. 평범한 대중과 다를 게 없다는 의미이다. 이런 점에서 그들은 '위대한 보통 사람'이라 할 수 있고, 또 그렇기에 보통 사람인 우리 모두 도달할 수 있는 것이다. 이 책을 읽는 독자들이 그 목소리를 직접 듣고 공감할 수 있다면 참으로 좋겠다.

이제 장자를 읽노라면 괴로움보다는 즐거움이 훨씬 많게 되었다. 이천 년을 훌쩍 넘어서는 머나먼 옛날, 타성에 젖은 인류를 일깨우기 위해 외롭게 외쳐댔던 장자의 깊은 마음과 공감하는 폭이 커졌다는 증표이리라. 물론 장자에 대한 나의 이해가 마무리된 것은 결코 아니다. 외편과 잡편은 이제 겨우 강독을 마쳤을 뿐이어서 아직도 갈 길이 멀다. 아쉽지만 이제는 이를 들고 연구실을 떠나 사회로 나가야 한다. 학문적으로 자유로워진 만큼, 더 유연한 사고로 장자와의 대화를 지속할 것이다. 장자와 나의 인연은 참으로 길다. 반세기가 다 되어가건만, 여전히 미완성이니 말이다.

거듭 강조하거니와 이 책은 교학상장의 산물이다. 그동안 강독을 함께하여온 대학원생들이 큰 힘이 되었다. 게다가 지루한 교정까지 흔쾌히 맡아준 후학들에 대한 고마움은 오래오래 간직할 것이다. 아울러 그러한 교학상장의 길을 마음껏 걷도록 성원해준 형님과 세 여동생, 아내와 가족들 그리고 수많은 지인들에게 감사하며, 동시에 경의를 표하고 싶다. 내게 그들은 모두가 '위대한 보통 사람'이기 때문이다.

2022년 새해 첫 달

50 코스

통일안보공원 ↔ 통일전망대

통일안보공원 ⇄ 4.7km ⇆ 명파해변입구 ⇄ 1.0km ⇆ 제진검문소 ⇄ 7.0km ⇆ 통일전망대 총거리 12.7km

마지막 이정표

마지막 인증 스탬프

고마운 '닭살' 부부

통일전망대

해금강

최북단 초등학교

망배단

통일 순례자 김씨

진짜 마지막이다. 부산 오륙도해맞이공원에서 출발하여 고성 통일전망대까지 이르는 770km 해파랑길이 끝자락만을 남기고 있다. 얼추 잡아 800km이니 이천 리(里)인 셈이다. 차라리 삼천 리 강산의 반 토막이니 천오백 리, 600km였으면 더 좋았으련만. 설마 산띠아고 순례길 800km를 염두에 두고 억지로 늘인 것은 아니겠지?

들뜬 마음에 눈을 뜨자마자 서둘러 출발하여 통일안보공원에 도착했다. 뭔가 수상하다. 모든 건물의 문이 다 닫혀 있고 사람은 아예

북으로 가는 옛길과 새 길

철조망이 없어지는 날

그림자마저 없다. 휑한 정적뿐이다. 알고 보니 업무 시작 시각이 9시였다. 한 시간도 더 빨리 와버린 것이다. 또 덜렁대는 성격이 야기한 실수! 덕분에 차분히 해파랑길 마지막 코스 안내도를 꼼꼼히 읽어보고, 통일전망대에 대한 예습도 하고, 마지막 인증 스탬프를 처음으로 안내 책자에 찍으면서 서성였다.

서서히 사람들이 모여들어 매표소 앞에 줄을 섰다. 나도 줄을 섰다. 바로 뒤 중년부부가 유달리 다정하게 애정 표시를 하고 있다. 속칭 '닭살'부부가 따로 없다. 그래도 어쩐지 밉지가 않아, 눈인사

최북단 동해에 발을 담구며

금강산 콘도

를 건넸다. 정말 잘한 일이 될 줄은 그땐 꿈에도 몰랐다.

출입신고서를 작성하고 기다린 끝에 마침내 내 차례가 되었다. 입장료를 냈더니 주차비를 내라고 한다. 차가 없다고 하자, 그러면 통일전망대에 갈 수 없단다. 차량으로 이동하는 구간이라는 사실을 알고 있었지만 황당했다. 대중교통 수단이 없고 본인이 자신의 차를 운전해서 가야한다니! 700km 훌쩍 넘게 걸어온 '통일순례자'는 어쩌란 말인가? 순간 '닭살'부부와 눈이 마주쳤다. 편승을 부탁하자 흔쾌히 승낙한다. 전화위복! 남편이 이곳에서 군 생활을 했다고 하니, 최고의 가이드까지 만난 셈이니 말이다.

궁극적인 목적지인 '통일'전망대에 올랐다. 손에 잡힐 듯 해금강이 보인다. 멀리 해금강과 맞닿은 금강산 실루엣이 육안으로도 보인다. 쾌청한 날씨가 고맙다. 가슴이 울컥하다. 해파랑길을 완주한 기쁨만은 결코 아니다. 벅차오르면서도 서글퍼지는 격한 마음! 말을 잊은 채 한참동안 멍하니 쳐다보고만 있었다. 다시 여기를 올 수 있을까? 아니, 여기서부터 북으로 걸어 올라갈 수 있는 날이 내 생전에 올까?

전망대를 내려와 주위를 둘러보았다. 천주교, 기독교, 불교의 성상들이 만인의 간절함을 담고서 서있다. 그러나 망배단(望拜壇)을 세운 실향민의 간절함만 할까? 아바이마을에서 내게 손짓하던 구부정한 할머니의 모습이 선연하다.

되돌아 나오는 길, '닭살'부부의 승용차에서 내려 걸었다. 우리나라 최북단에 위치한 초등학교를 지날 무렵, 큼직한 배낭을 메고 씩씩하게 걸어오고 있는 젊은 친구를 만났다. 나처럼 부산에서 걸어왔다고 한다. 반가워 잠시 길가에 주저앉아 이야기를 나누었다. 중동 지역 건설현장에 파견되어 근무하고 있는데, 휴가로 귀국할 기회가 있으면 이렇게 늘 전국을 걸어 다닌다고 한다. 뭉클하다.

"차가 없으면 민통선 안으로 들어갈 수 없는데 …"

라고 걱정했더니 잘 알고 있다고 한다.

"차라리 잘 된 건지 몰라요. 휴전선을 보면 뛰어 넘어갈지도 모르니까요."

다시 또 뭉클하다.

"성씨라도 기억합시다."

"김가입니다."

김씨는 계속 북상하고 나는 남하했다. 김씨도 나와 같은 '통일'순례자임에 틀림없었다.

길이 없어서 못 가는 것이 결코 아니거늘!

북으로 향하는 길이 시원하게 뻗어있다. 그러나 오가는 차가 없다. 한때 금강산으로 구경 가는 차들이 신나게 달렸을 텐데. 얼키설키 해안가 철조망이 내 마음인 양 어지럽다. 다시 50코스의 시작점인 해변으로 되돌아 왔다. 그동안 묵묵히 걸어준 발에 감사를 표하기 위해 최북단 동해물에 발을 담그고 멀리 금강산콘도를 바라보았다. 해파랑길을 종주했다는 성취감보다 아쉬움이 크게 남는다. 걷다가 도중에 그만 둔 느낌뿐이다. 걷고 싶은 길이 아직 남아 있음을 감사하자고 억지로 위로해본다. 아울러 김씨 같은 '통일'순례자를 만나서 마음이 든든하다.

"이제 돌아가서 우선 마지막 학기를 잘 마무리 하자구나. 그리고 기다려 보자."

• 칠엽수야, 안녕

세상에 나무를 싫어하는 사람도 있을까? 당연히 나도 나무를 좋아한다. 이왕이면 오랜 기간 함께 했던 나무에 관심이 더하는 것도 인지상정이리라. 예를 들자면, 인문대학 1호관 앞의 여덟 형제 소나무, 3호관 입구의 벼락을 이겨낸 히말라야시다를 비롯하여, 그늘이 넉넉한 등나무, 둥근 벤치를 두른 칠엽수, 이름처럼 우뚝한 태산목, 자태 고운 매화, 향기 그윽한 금목서, 주렁주렁 과일나무들, 올망졸망 검정 대나무, 붉은 열정의 동백나무, 눈부신 순백의 목련 등등, 우리 대학 여기저기에 자리한 나무들이 바로 그러하다. 사실 천천히 보면 어디 사랑스럽지 않은 나무가 있을까? 2호관 건물 뒤 주차장 한 가장자리에 건성으로 심어놓은 무궁화도 내 눈에는 아름답다. 정원수다운 대접도 제대로 받아보지 못하고 해마다 싹둑 잘리는 수모를 겪고 있는 점이 못내 아쉽지만, 나는 그 와중에도 꿋꿋함을 잃지 않는 '무궁함'을 존경하고 또 닮고 싶다.

하지만 누군가가 굳이 하나를 특정 하라고 한다면 나는 크게 주저하지 않고 둥근 벤치를 두른 칠엽수를 꼽을 것이다. 우리 대학

마지막 수업을 마치고

세 건물의 교차점이자 전체 캠퍼스의 주된 통행로에 자리 잡고 있어, 그 둥근 벤치가 오가는 이들의 작은 쉼터이자 만남의 장소로서 그 역할을 톡톡히 하고 있는 점이 우선 좋다. 일곱 개의 작은 잎(小葉)이 하나의 큰 잎(大葉)을 이루기에 칠엽수(七葉樹)라고 부르는데, 서울 동숭동 문리대학의 상징이었던 마로니에와는 친척 관계이다. 그러기에 마로니에를 서양칠엽수라고 부른다. 그렇다고 칠엽수를 동양마로니에라고 부르고 싶지는 않다. '일곱'이면서 '하나'인 칠엽수의 특성에서 나는 강한 상징적 의미를 되새기기 때문이다. 장자(莊子) 응제왕(應帝王) 편의 혼돈(混沌) 우화를 떠올리는 것이다. 혼돈은 중앙의 신으로, 달걀 같은 얼굴을 하고 있다. 아니 정확히 말하자면, 일곱 개 구멍으로 이루어진 얼굴의 감각기관들을 닫고서 하나의 '통감각'으로 만물을 원융(圓融)하게 포용한다. 그런데 어느 날 '설쳐대기를 좋아하는' 남과 북의 두 신이 하루 한 개씩 일곱 개의 구멍, 즉 칠규(七竅)를 뚫어준다. 바로 그 일곱째 날 혼돈은 죽고 만다. 대신 '이원 대립적'인 두 신만이 살판이 났다. '일곱'이면서

칠엽수

'하나'인 칠엽수의 잎을 보며 장자에게는 묻고 싶다. "혼돈의 죽음은 인류문명의 시작인가요? '황금시기'의 상실인가요?" 여전히 풀어야 할 나의 인문학적 화두일 터이지만, 우선은 하나면서 둘로 갈라진 한반도가 연상되어 가슴이 아프다. 우리 사회에 만연한 이원론적 대립의 온상(溫床)이기 때문이다.

이 칠엽수는 민속학 분야에서 일가를 이룬 원로 교수가 80년대 초 자신의 마당에서 이곳으로 옮겨 심은 것이다. 이 나무는 나로 하여금 평생 학문에 정진하였던 한 인문학 학자를 추억하게 한다. 게다가 공교롭게도 우리 대학에 온 시점이 나의 부임과 일치하기에 더욱 친근감이 더한다. 말하자면 칠엽수와 나는 입사 동기인 셈이다. 물론 애초부터 이 칠엽수를 의식하였던 것은 아니다. 언제부터였을까? 나는 이 나무에 상징적 의미를 부여하면서 동반자로 삼고 있었다. '일곱'이면서 '하나'인 잎들이 피어나기 시작하면 새 학년도 첫 수업을 준비하고, 그 잎이 지기 시작하면 일 년 수업을 마무리 하고 있었던 것이다. 나에게 그것은 일종의 학년력(學年曆)이었다. 올해는 더 유심히 볼 수밖에 없었다. 마지막 학기, 마지막 수업을 들어갈 때, 몇 장의 잎을 달랑대고 있었다. 마치 종강을 서두르라는 듯이. "고마워 알려줘서. 마무리 잘 하고 나올게."

맹자(孟子)의 호연지기(浩然之氣)와 장자의 붕정만리(鵬程萬里)를 주요 내용으로 하면서, 나는 우리 학생들의 무한한 가능성과 그 구현을 축원하며 강의를 마무리 했다. 물론 칠엽수와 혼돈 우화도 곁

들였다. 마음이 통했는지 학생들도 유달리 진지하였던 것 같다. 몇 학생이 수업 후 교실 밖에서 기다리고 있었다. “저희는 2학년인데요, 입학하여 처음으로 교수님 강의를 직접 들었습니다. 감사합니다.” 대면 강의를 고집했던 것이 잘 했다 싶다. 강의 평가를 통하여 수강생들이 남긴 글을 읽으며 나름 애썼다고 자위해본다. 말 그대로 시원섭섭하다.

> “열성적으로 수업해주셔서 감사합니다. 수업 중 해주신 내용 모두 유익했고 뜻깊었습니다. 가장 기억에 남는 수업이에요.”

> “교수님의 인생을 돌아볼 수 있는 유익한 강의였습니다. 소인이 아닌 군자가 되겠습니다. 감사합니다.”

문득 가슴이 덜컥 내려앉는다. ‘교수님의 인생’이라니! 내 강의에서 나의 인생을 볼 수 있었다는데, 그 모습은 어떠했을까? 걱정이 앞선다. 나의 주 전공은 중국고전문학이다. ‘중국’이란 공간, ‘고전’이라는 시간, ‘문학’이라는 영역에 갇힌 ‘전문 바보’로나 보이지 않았다면 천만 다행이겠다 싶다. ‘작은 잎’만 무성하고 ‘큰 잎’은 정작 없었던 것은 아닐까? 있었다면 그 큰 잎 ‘하나’는 무엇이었을까? 그 ‘하나’가 바로 ‘인문학’일 터인데, 나의 인문학은 무엇이었을까?

일전에 어느 술자리에서 동료 교수가 물었다. “인문학의 정체성을 짧게 설명할 수 있을까요?” 잠시 망설이다 평소의 소회를 밝혔다. “인문학은 여느 학문과 다르지요. 왜냐하면 학문의 대상과 주체가 같기 때문입니다.” 쉽게 풀어 말하자면 인문학은 동서와 고금

그리고 문사철(文史哲) 등등, 아무리 나누고 쪼갤지라도 그 궁극은 '사람의 무늬(人文)', 즉 '사람다움'을 연구하고 교육하기 때문에, 자기 자신이 바로 학문의 대상이자 입증 자료가 되어야 한다는 의미이다. 인문학의 위기를 논하기 전에 우리가 우리 자신부터 돌아다보아야 하는 이유이리라. 잎이 '일곱'이면서 '하나'인 칠엽수! 진정 네가 좋은 이유이다.

칠엽수야, 안녕! 이제 너를 떠나 나는 사회로 나간다. 교정 밖에도 너를 닮은 '나무'가 많이 있겠지? 아쉬움보다는 설렘이 앞선다. 너도 서운할 것 없다. 분명 나보다 너를 더 좋아하는 사람들이 우리 대학에 많을 터이니 말이다.

00 코스

양양

회귀하는 연어처럼

언제부터인지 모르지만 연어를 무척 좋아하기 시작했다. 건강식품이어서 즐겨 먹을 뿐만 아니라, 탄생의 근원을 찾아 모천을 회귀하는 연어의 습성 자체가 마음에 쏙 든 것이었다. 근본과 본원을 찾고자 하는 나의 인문학적 취향과 닮았기 때문이다. 우리나라 연어의 70%가 양양의 남대천으로 회귀한다고 하니, 오래 전부터 양양을 꼭 와보고 싶었다. 해파랑길 종주를 마치고, 나는 하루를 양양에서 묵기로 했다.

연어가 회귀하는 철이 아니어서 남대천은 평범할 정도로 한적했다. 혹시나 해서 전통시장을 찾았다. 절인 연어라도 보고 싶었던 것

연어의 메카 남대천

늉이 수제비

이다. 아쉽게 연어는 흔적 조차 없다. 양양 전통시장의 맛집으로 소문난 한 식당을 찾았다. 이 지역 토속 음식인 능이 수제비를 음미하면서 연어에 대한 아쉬움을 달랬다.

능이버섯 향을 음미하며 이번 행인의 걷기를 되돌아보았다. 몇 년 전, 산띠아고 순례길을 걸으면서 했던 다짐을 환기했다. 통일이 되면, 아니 통일이 되도록 국도1호선을 걸어보겠다는 다짐이었다. 그 대안이 바로 해파랑길이었다. 삼천 리 강산을 걷지 못하는 아쉬움을 민족의 교류와 화해를 소원하는 발걸음으로 달래보고 싶었다.

교학상장 40년. 돌이켜 보니, 그 외곬으로 걸어온 길을 음으로 양으로 감싸주신 사람들이 너무나도 많았다. 해파랑길을 걸으면 걸을수록 감사하는 마음이 커져 갔다. 이제 교학의 현장을 떠나지만, 처음 강단에 섰던 때의 초심을 잃지 말자고 다짐해본다. 자고로 학행일치(學行一致)라 했으니, 이제부터는 '행'에 더 힘써 보고 싶다. 인문학적 길을 더 열심히 걷겠다는 의미이다.

청간정에서 맑은 시내가 바다로 흘러 들어가는 모습에서 어머니를 다시 만나게 된 것이 무엇보다 큰 행복이다. 이제 어머니께서 늘 하시던 말씀, "어쨌든 '잘'해라."라는 의미를 제대로 이해할 것 같다. 그래서 여전히 그립긴 하지만 더 이상 슬프지 않을 것 같다. 저 멀리 먼저 가신 두 분을 가슴에 간직하고 이제 막 세상에 나온 두 손주를 지켜보리라. 버스 정류장에 부모님 두 분을 당신의 증손

선친과 손주

주와 함께 나란히 앉혀 드린다.

연어는 회귀한다. 우리도 회귀하는 것이 아닐까? 그것도 영원히! 나는 영원 회귀하는 길을 아직 잘 모른다. 어쩌면 인간의 눈으로는 영원히 볼 수 없을지도 모른다. 그러나 그것의 존재를 믿고 희구한다. 영원 회귀를 향하는 길을 찾아 걷고 싶다. 길이 있기에 걷는 것이라면 그 길을 걸을 것이고, 걷기에 길이 생긴다면 그 길을 위해 걸을 것이다. 그러므로 나는 영원한 행인이다. 회귀하는 연어처럼.

행인기행

해파랑길 이천 리
교학상장 사십 년

2022년 3월 25일 인쇄
2022년 3월 30일 발행

지은이 | 양회석
펴낸이 | 정성택
펴낸곳 | 전남대학교출판문화원
주소 | 61186 광주광역시 북구 용봉로 77
전화 | (062) 530-0571~3 팩스 | (062) 530-0579
등록 | 1981. 5. 21. 제53호
홈페이지 | http://www.cnup.co.kr
이메일 | cnup0571@hanmail.net

값 20,000 원

ISBN 978-89-6849-879-4 (03040)